독일 및 프랑스의 금융규제와 그 시사점에 관한 연구

백 정 웅

신 조 사

머 리 말

미국발 금융위기로 전 세계는 여전히 어려움에 처해 있다. 그러나 이미 미국은 이 위기에서 상당부분 벗어나서 만찬(?)을 준비하고 있다는 느낌을 받는다. 금융법학자의 생각은 우리나라가 좀 더 나은 금융입법을 마련하여 제대로 된 해석을 통하여 금융위기와 같은 어려움에 능동적으로 선제적으로 대처하여 경제발전에 이바지하려는 꿈을 꿀 것이다. 그리고 그러고 싶은 마음이 간절하다. 그러나 법학의 속성상 사건이 있은 후에 적용될 수밖에 없다는 점은 이런 의도에 근본적인 한계가 된다. 그럼에도 불구하고 오늘도 좀 더 나은 금융입법과 해석을 기대하면서 독일과 프랑스의 금융규제를 은행업과 금융투자업(증권업 포함) 및 보험업을 중심으로 검토한 후 우리나라를 위한 시사점의 도출을 시도해 본다. 금융법제에 대한 독일과 프랑스는 많이 달랐고 특히 제3자의 시각에서 본다면 프랑스의 금융법제는 금융법규정이라고는 하지만 민법, 유가증권과 통화 등에 관한 내용도 포함되어 있다는 점은 특이하다. 독일과 프랑스는 유럽을 대표하는 국가이기 때문에 이들의 금융규제는 우리에게 시사하는 바가 클 것이다. 우리 역시 독일 및 프랑스와 동일하게 미국발 금융위기의 2차 감염지라는 점은 이들의 금융규제가 우리나라에게도 여전히 유용할 것이다. 우리만의 규제가 아니라 세계적인 추세를 반영한 금융규제가 되기를 희망해 본다.

끝으로 본 연구(NRF-2012S1A5A2A01017212)를 지원해 주신 한국연구재단과 본 연구의 결과물을 단행본으로 출간해 주신 신조사의 이명재 사장님께 깊은 감사의 말씀을 드린다.

2015년 4월

배재대학교 21세기관 연구실에서

백 정웅 씀

차 례

Ⅲ. 금융투자업규제의 주요내용 및 시사점

Ⅳ. 보험업규제의 주요내용 및 시사점

Ⅴ. 결 론

독일 및 프랑스의 금융규제와 그 시사점에 관한 연구*

백 정 웅**

* 이 저서는 2012년 정부(교육부)의 재원으로 한국연구재단의 지원을 받아 수행된 연구임(NRF-2012S1A5A2A01017212).
** 배재대학교 공무원법학과 부교수, 법학박사(SJD).

Ⅰ. 서 론

2007년 하반기부터 시작된 미국발 금융위기가 장기화되면서 서남부 유럽(PIIGS[1])을 중심으로 유럽 및 EU가 재정위기 또는 금융위기를 겪고 있으며 특히 이번 위기의 핵이라고 할 수 있는 PIIGS의 위기는 금융규제가 부실했기 때문에 더 악화되었다는 연구보고[2]가 있다. 이와는 대조적으로 독일과 프랑스는 비교적 견조하여 유럽 및 EU의 안전판 역할을 하고 있다.[3] 이런 배경에서 본 연구가 독일과 프랑스의 금융규제를 그 주제로 삼은 이유는 다음과 같다. 첫째 독일 및 프랑스가 미국발 금융위기의 '2차' 감염지라는 점에서 우리와 동일하기 때문에 이들의 금융규제를 검토하는 것은 우리에게도 유용할 것이다. 둘째 유럽[4] 및 EU의

---

* 이 저서는 2012년 정부(교육부)의 재원으로 한국연구재단의 지원을 받아 수행된 연구임(NRF-2012S1A5A2A01017212).

** 배재대학교 공무원법학과 부교수, 법학박사(SJD).

1) 여기서 P는 포르투갈이고 I는 이태리이며, G는 그리스이고 S는 스페인으로 알려져 있다. 이 후에 아일랜드(Ireland)와 영국(Great Britain)이 추가되어 PIGS는 PIIGS나 PIIGGS로 확대되었다. Sara Dilon, "Anglo-Saxon/Celtic/Global: The Tax-Driven Tale of Ireland in the European Union," 36 N.C. J. Int'l L. & Com. Reg. 1, 54 n.275 (Fall 2010). 이와 관련된 보다 상세한 내용은 Wikipedia, "PIGS (economics)," Wikipedia (2012) 〈http://en.wikipedia.org/wiki/PIGS_(economics)〉 (검색일 2014.2.11) 참조. 이하 PIIGS라는 용어를 통일해서 사용하기로 한다.

2) Roberta S. Karmel, "The Controversy over Systemic Risk Regulation," 35 Brook. J. Int'l L. 823, 841-42 (2010).

3) 물론 독일과 프랑스가 PIIGS에 투자한 금액이 1조 달러가 넘고 상당부분의 손실이 불가피할 것으로 판단된다. Nelson d. Schwartz, "In and Out of Each Other's European Wallets," N.Y. Times, May 1, 2010, at WK4. 그러나 이와 같은 손실이 불가피함에도 불구하고 독일과 프랑스가 유럽의 안전판의 역할을 하는 것은 이들이 견고하다는 반증이라고 할 수 있을 것이다.

4) 미국발 금융위기에 대한 금융규제는 이미 한국연구재단의 지원에 의하여 연구가 수행된 바 있다. 백정웅, "한국 금융지주회사법상 비은행지주회사에 대한 비교법적 연구 - 미국법제를 중심으로 -,"「비교사법」 제18권 제2호(한국비교사

재정위기 또는 금융위기에서 독일 및 프랑스가 유럽 및 EU에서 가장 '견고'[5]한 상태를 유지하고 있는 나라이고 이들의 금융규제를 검토하는 것은 우리법제에게 시사하는 바가 아주 클 것으로 판단된다. 셋째 유럽 및 EU에서 독일과 프랑스가 '주도'적 역할을 하고 있기 때문이다. 독일 및 프랑스가 유럽 및 EU의 중심국가이고 이들의 금융규제는 유럽 및 EU 금융규제에 직접적인 영향을 주기 때문에 이들의 금융규제를 검토하는 것은 큰 의의가 있다고 판단된다. 특히 FTA의 시행으로 EU와의 교역이 급증함에 따라 우리와 이들의 금융기관과의 경쟁도 역시 치열할 것이고 그렇다면 EU의 대표국가라고 할 수 있는 독일 및 프랑스의 금융기관과의 경쟁은 더욱 더 불가피하기 때문에 이들 국가의 금융규제를 고찰하는 것은 역시 시사하는 바가 클 것으로 판단된다. 따라서 본 연구는 독일 및 프랑스의 금융규제를 검토하여 우리법제를 위한 시사점을 도출하는 것이 그 목적이다.

이하 제2장은 독일 및 프랑스의 은행업규제와 시사점을 검토하고 제3장에서는 독일 및 프랑스의 금융투자업규제와 시사점을 고찰하고 제4장에서는 독일 및 프랑스의 보험업규제와 그 시사점을 살펴본다. 끝으로 제5장에서는 본 문을 정리한 후 본 연구를 마친다.

법학회, 2011.6), 607면 이하 참조(NRF-2010-332-B00512); 백정웅, 「금융위기시 금융산업에 대한 미국과 EU의 규제변화와 그 시사점에 관한 연구」(배재대학교 출판지원실, 2010), 1면 이하 참조(KRF-2009-332-B00551).

5) 이번 유럽의 재정위기 또는 금융위기의 핵이라고 할 수 있는 PIIGS의 금융규제 역시 매력적인 주제이지만 이 주제는 2011년도에 한국연구재단의 지원으로 연구가 이미 수행 된 바 있다. 백정웅, 「서남부유럽의 금융규제와 그 시사점에 관한 연구」(신조사, 2014), 1면 이하 참조(NRF-2011-327-B00756). 차후 "부실"한 금융규제에서 시사점을 삼으려는 PIIGS의 금융규제와 "견고"한 금융규제에서 시사점을 찾으려는 독일 및 프랑스의 금융규제가 "통합"되어 연구가 속행되기를 기대한다.

Ⅱ. 은행업규제의 주요내용 및 시사점

1. 독일 은행업규제의 주요내용

1.1. 개 념

독일은행법[6]상 은행업이라 함은 독일 연방금융감독당국(BaFin)에 의하여 인가를 받은 자가 영리의 목적으로 일정한 조직을 갖추어서 하는 업무로서 다음과 같다.[7] (1) 불특정 다수인으로부터의 요구불예금의 인수업무 (2) 주택저당채권업무(Pfandbrief) (3) 대출 및 신용인수업무 (4) 환어음 및 수표의 매입업무 (5) 은행의 자기명의나 타인의 계산으로 하는 금융상품의 매매업무 (6) 보호예수업무 (7) 대출채권의 만기 전 매매의 재인수업무 (8) 보증업무 (9) 현금 없이 결제 및 청산하는 지로업무 (10) 은행자기의 위험부담으로 하는 금융상품의 매입업무 또는 이와 동일한 보증의 인수업무 (11) 전자화폐의 발행 및 관리업무 (12) 장외파생상품중앙정산소의 업무가 그것이다. 그러나 은행은 예금자의 과반수가 특정회사의 직원이면서 당해 은행의 기타 은행업무의 규모가 이들 직원의 예금규모를 초과하지 못하는 한 이와 같은 예금의 수취업무는 금지

---

6) 독일은행법은 은행업자와 금융투자업자에게만 적용되고 보험업자에게는 적용되지 않는다. 이런 이유로 은행업규제에 관한 설명은 별도의 지적이 없는 한 금융투자업 규제에도 동일하게 적용된다. Gesetzüber das Kreditwesen(이하 German Banking Law라 함) §1.(1b). 이는 결국 은행업과 금융투자업의 감독기관도 독일 연방금융감독당국(Bundesanstalt für Finanzdienstleistungsaufsicht; Federal Financial Supervisory Authority: BaFin)으로 동일하다는 의미도 된다. 그러나 보험업감독법(Versicherungsaufsichtsgesetz; Act on the Supervision of Insurance Undertakings: 이하 German Insurance Supervision Act라 함)상 보험업도 독일 연방금융감독당국(BaFin)에 의해 감독받는다. German Insurance Supervision Act §81.(1). 결국 독일 연방금융감독당국(BaFin)이 모든 금융업을 감독하는 것이다.

7) German Banking Law §1.(1).

된다.[8] 또한 은행은 그 투자자의 과반수가 자신의 투자금액을 근거로 해당 은행으로부터 신용공여를 받을 수 있는 법적 권리를 보유하는 경우라면 이에 해당되는 투자금액의 인수 역시 금지된다.[9] 뿐만 아니라 은행은 그 계약 또는 관행에 의하여 신용공여의 회수 및 예금의 인출이 사실상 불가능한 경우에도 대출 또는 예금수취업무를 할 수 없다.[10]

1.2. 규제 및 감독의 원칙

독일은행법상 은행업의 규제 및 감독의 원칙을 명문으로 규정하고 있지는 않다. 그렇다고 하여 은행업의 규제 및 감독의 원칙이 없는 것은 아니다. 은행업에 대한 독일의 규제 역시 독일 자체와 관련된 미시적인 규제[11]와 EU 전체에 관한 거시적인 규제[12]의 조화를 큰 명제로 하고 있다고 해석된다. 결국 미시적 및 거시적 규제 및 감독을 통하여 독일경제 및 EU경제의 발전을 궁극적인 목적으로 은행업의 규제 및 감독이 이루어진다고 할 것이다.

1.3. 인가 및 취소 등

1.3.1. 인 가

독일에서 은행업을 하려면 원칙적으로 독일 연방금융감독당국(BaFin)으로부터 서면으로 된 인가를 받아야 하며 그 인가 신청서에는 다음과 같은 사항이 포함되어야 한다.[13] (1) 은행업에 필요한 재원[14]을 구비했다는 적당한 증거자료 (2) 책임자(senior manager[15])의 성명 (3) 은행업

---

8) German Banking Law §3.1.
9) German Banking Law §3.2.
10) German Banking Law §3.3.
11) 예컨대 German Banking Law §§10-12A 참조.
12) 예컨대 German Banking Law §§8, 8b & 53e 참조.
13) German Banking Law §32.(1).
14) 최저자본금은 5,000,000유로가 된다.
15) 일반적으로 senior manager를 부장, 차장, 상무 또는 전무로 번역되고 있으나 은행업의 인가신청에 기재될 정도로 중요한 인물이고 또한 은행을 대표하는 자

의 인가 신청인 및 책임자의 신뢰성 평가자료 (4) 해당 은행의 소유자 및 책임자의 전문성[16] 평가자료 (5) 해당 은행의 사업계획의 특성, 조직 구조 및 내부통제장치를 포함한 실행 가능한 사업계획서 (6) 해당 은행에 주요지분권자[17]가 있다면 그 성명, 지분액수, 지분권자 등의 신뢰성 평가자료, 지분권자가 연차회계보고서를 작성하는 경우라면 과거 3년간 회계보고서, 지분권자가 그룹에 소속되어 있다면 해당 그룹조직 및 해당 그룹의 과거 3년간 연결회계보고서 (7) 해당 은행과 자연인 또는 기타 법인 간의 밀접한 관련성을 적시하는 자료가 그것이다. 다만 독일 연방금융감독당국(BaFin)은 은행업의 인가를 신청한 자가 독일 이외의 회원국에서 인가를 받은 예금수취회사,[18] 전자화폐회사, 증권거래회사 또는 보험회사의 자회사 또는 제휴회사인 경우 또는 이들 회사를 지배하고 있는 자의 지배를 받고 있는 경우라면 은행업의 인가를 주기 전에 이들 회사의 주된 감독당국과 은행업의 책임자에 대한 신뢰성 및 전문성과 10% 이상의 지분권을 보유한 자(주요 지분권자)의 신뢰성에 대하여 협의해야 한다.[19] 한편 회원국에 소재한 은행의 지점이 독일 내에 있으면서 은행업을 제공하려는 경우 독일 연방금융감독당국(BaFin)으로부터 별도의 인가를 받을 필요는 없다고 하지만,[20] 국제협약에 근거한 상호

로 독일은행법은 규정하고 있기 때문에 '책임자'로 번역하기로 한다. German Banking Law §1.(2).

16) 만약 이들이 해당 은행업에 대하여 이론적이고 실제적인 지식 및 경영경험이 있다면 전문성이 인정된다. German Banking Law §33.(2).sentence 1. 특히 경영경험은 해당 은행업의 규모 및 성질과 유사한 정도의 은행에서 3년간 경영을 했다면 경영경험이 있다고 보고 있다. German Banking Law §33.(2).sentence 2.

17) 여기서 주요지분권자라 함은 해당 은행의 자본금 또는 의결권의 10% 이상을 보유하거나 중요한 영향력을 행사할 수 있는 자를 의미한다. German Banking Law §1.(9).

18) 은행은 예대업무가 기본업무이기 때문에 이하 예금수취회사와 은행이란 용어를 혼용하기로 한다.

19) German Banking Law §33b.sentence 2.

20) German Banking Law §53b.(1). 그러나 이 경우에도 일정한 요건을 충족시키지 못하면 독일 내에서는 새로운 업무를 할 수 없다. German Banking Law §53b.(4).

주의가 보장되지 않으면 이 지점의 은행업 인가는 거부될 수 있기 때문에 결국 상호주의의 원칙에 따라 인가여부가 결정된다.[21] 뿐만 아니라 非회원국이 독일 내에서 은행업을 하려는 경우에도 상호주의가 적용되는데 이때의 상호주의에는 첫째 非회원국의 은행이 국제적으로 인정된 원리에 의하여 감독되고 있고 둘째 非회원국 은행의 감독당국이 독일 연방금융감독당국(BaFin)과 만족할 만한 공조체제[22]를 구축하고 있어야만 독일 내에서 은행업을 할 수 있는 것이다.[23] 이상과 같은 은행업의 인가요건을 충족하게 되면 독일 연방금융감독당국(BaFin)은 그 사실을 독일연방전자관보에 공시하게 된다.[24]

그러나 다음과 같은 경우에는 은행업의 인가가 거부된다.[25] 첫째 영업에 필요한 재원 특히 양호한 초기자본금을 독일 내에서 이용하지 못하는 경우, 둘째 독일은행법상 은행업의 신청인 또는 책임자가 그 신뢰성요건을 충족하지 못하는 경우, 셋째 지분권자 등이 그 신뢰성요건을 충족하지 못하거나 해당 은행의 경영건전성 요건을 충족시키지 못하는 경우, 넷째 은행의 소유자 또는 책임자가 전문성요건을 충족하지 못하는 경우 및 책임자가 선임되지 않은 경우, 다섯째 은행업의 인가를 받은 후 당해 은행이 금융지주회사[26]나 복합금융지주회사[27]의 자회사가

21) German Banking Law §53.(2).5.
22) 여기서 만족할 만한 공조체제의 구축에는 공조가 국제협약상으로도 보장될 것이 포함된다. German Banking Law §53c.2.(c).
23) German Banking Law §53c.
24) German Banking Law §32.(4).
25) German Banking Law §33.
26) 독일은행법상 금융지주회사라 함은 최소한 1개 이상의 자회사가 예금수취회사, 전자화폐회사 또는 증권거래회사가 되어야 하며 주로 은행 또는 금융회사를 자회사로 지배하는 복합금융지주회사 이외의 금융회사를 의미한다. German Banking Law §1.(3a).sentence 1.
27) 독일은행법상 복합금융지주회사라 함은 그 모회사는 규제받지 않는 금융회사지만 그 자회사는 최소한 1개 이상의 규제받는 금융회사로 구성된 회사를 의미한다. German Banking Law §1.(3a).sentence 2. 여기서 규제받는 금융회사라 함은 예금수취회사(은행은 당연히 포함됨), 전자화폐회사, 증권거래회사 또는 보험회사를 의미한다. German Banking Law §1.(3a).sentence 3.

된 후 해당 금융지주회사나 복합금융지주회사를 실질적으로 운영하는 자가 신뢰성요건 또는 전문성요건을 충족하지 못하는 경우, 여섯째 금융서비스를 제공하기 위해 고객의 자금이나 증권의 보유를 승인받거나 노령연금을 취급할 수 있도록 승인받은 은행이 최소한 2명 이상의 책임자를 두지 않은 경우,[28] 일곱째 독일 내부에 있는 은행이지만 이 은행을 기준으로 그 주된 사무소가 독일 외부에 있는 경우,[29] 여덟째 은행업의 인가를 받기 위하여 은행업의 적절한 수행에 필요한 조직구성을 마련하지 못한 경우, 아홉째 은행업의 신청인이 외국은행의 자회사인 경우 해당 외국은행의 감독기관이 자회사의 설립을 허용하지 않은 경우가 그것이다. 이와 함께 독일 연방금융감독당국(BaFin)의 효과적인 감독을 할 수 없다고 판단되는 경우에는 은행업의 인가가 거부될 수 있다.[30] 그러나 은행업의 인가 거부는 법정이유에 한정된다.[31]

기술한 바와 같이 은행업을 인가할지 거부할지에 대해 독일 연방금융감독당국(BaFin)은 6개월 내에 결정해야 한다.[32] 다만 非회원국에 소재한 회사나 그 자회사가 은행업의 인가를 신청한 경우 독일 연방금융감독당국(BaFin)의 결정은 연기되어야 하며 만약 독일 연방금융감독당국(BaFin)의 결정이 유럽연합위원회 등에 의하여 좌우되는 경우 그 결정은 이에 따라 제한을 받게 된다.[33] 그러나 은행업의 인가가 연기되거나 제한받는 경우에도 그 기간은 유럽연합위원회 등의 결정일로부터 3개월

28) 이때의 책임자는 형식적인 책임자가 아니라 실질적인 책임자를 의미한다. German Banking Law §33.(1).5.

29) 영문에는 the institution has its head office outside Germany라고 규정되어 있지만 본문과 같이 해석해야 할 것이다. 그 이유는 예컨대 우리나라 은행이 독일에서 영업한다고 하면 그 주된 사무소인 본점은 한국에 있다는 이유로 은행업의 인가가 거부되기 때문이다. 따라서 독일 내부에서 은행업을 하는 은행 그것을 기준으로 주된 사무소가 독일 내부에 있으면 은행업 인가 거부의 대상은 아니라고 봐야 할 것이다.

30) German Banking Law §33.(3).

31) German Banking Law §33.(4).

32) German Banking Law §33.(5).

33) German Banking Law §33a.

이상 지속될 수는 없다.[34]

1.3.2. 취소 등

이미 받은 은행업의 인가는 그 인가를 받은 날로부터 1년 이내에 그 인가를 사용하지 않거나 해당 은행이 예금보장 및 투자자보상법상의 예금보장제도로부터 퇴출된 경우에는 자동으로 소멸된다.[35] 이와는 별도로 독일 연방금융감독당국(BaFin)은 행정절차에 따라 은행업의 인가를 취소할 수 있다.[36] 즉 (1) 은행업의 인가와 관련된 영업을 6개월 이상 하지 않은 경우 (2) 해당 은행이 개인 기업으로 운영되고 있는 경우 (3) 법정의 인가거부가 명확한 경우 (4) 해당 은행에 파산절차가 개시되었거나 해당 은행이 그 채권자의 채무를 이행하지 못할 위험이 있고 법정의 다른 수단에 의해서도 이 위험을 회피할 수 없는 경우 (5) 해당 은행이 독일은행법을 계속해서 위반한 경우가 그것이다. 다만 기술한 (3)-(5)의 경우 독일 연방금융감독당국(BaFin)은 해당 은행의 은행업을 취소하는 대신에 책임자의 업무를 정지시키고 그 해임을 요구할 수 있다.[37]

1.4. 재무건전성

1.4.1. 자기자본의 적절성

독일은행은 5,000,000유로의 최저자본금을 유지해야 하며,[38] 독일

34) German Banking Law §33a.sentence 2.

35) German Banking Law §35.(1). 금융투자업의 경우도 동일하다. German Banking Law §35.(1).sentence 2.

36) German Banking Law §35.(2).

37) German Banking Law §36.(1).

38) The World Bank, "Home 〉 Data & Research 〉 Research 〉 Bank Regulation and Supervision (updated 2012): 2007 database revised June 2008 (MS Excel file, 768kb)," The World Bank (2013) (이하 World Bank Survey라 함), 〈http://econ.worldbank.org/WBSITE/EXTERNAL/EXTDEC/EXTRESEARCH/0,,contentMDK:20345037~pagePK:64214825~piPK:64214943~theSitePK:469382,00.html〉 (last visited Aug. 25, 2014). 특히 World Bank Survey, Germany 1.3.1 참조. 독일 내에 소재한 외국은행의 자회사나 지점도 그 금액은 동

은행법상 은행은 고객으로부터 위탁된 자산을 안전하게 보호하고 채권자에 대한 의무를 충실히 이행하기 위하여 적절한 자기자본을 보유하고 있어야 한다.[39] 이와 같이 은행은 적절한 자기자본을 보유하기 위해서 이에 대한 적절한 평가수단이 필요한데 이 경우 독일 연방금융감독당국(BaFin)의 사전승인을 받아 내부위험관리절차를 이용할 수 있으며 특히 이 절차에는 상대방신용위험과 내부시장위험 및 영업위험이 포함된다.[40] 이에 따라 독일 연방금융감독당국(BaFin)은 은행의 자기자본 적절성을 평가할 때 해당 은행의 자기자본은 그 은행의 지불능력을 초과하여 보장할 수 있는 정도이어야 하며 아주 이례적인 위험을 예방하기 위하여 해당 은행의 요청이 있으면 이를 반영한 별도의 자기자본의 산출방식을 허용하고 있다.[41] 여기서 독일은행법상 은행의 자기자본은 책임자본(Liable capital)과 준보완자본(Tier 3 capital)[42]으로 구성된다.[43] 책임자본은 다시 기본자본(Tier 1 capital)[44]과 보완자본(Tier 2 capital)[45]으로 구성

일하다. World Bank Survey, Germany 1.3.2 & 1.3.3.

39) German Banking Law §10.(1).sentence 1.

40) German Banking Law §10.(1).sentence 2.

41) German Banking Law §10.(1b).

42) 준보완자본의 구성요소에 대한 보다 상세한 설명은 German Banking Law §10.(2c) 참조.

43) German Banking Law §10.(2).sentence 1. 참고로 전자화폐를 취급하는 전자화폐회사는 본문에서 언급된 자기자본의 요건에서 다음과 같은 별도의 요건이 추가된다. German Banking Law §10.(10). 첫째 해당 전자화폐회사가 영업한 지 6개월이 경과한 경우라면 현재의 거래량 또는 과거 6개월간 평균 거래량의 2% 이상에 해당하는 자기자본을 소유해야 한다. 둘째 해당 전자화폐회사가 영업한 지 6개월 미만인 경우라면 현재의 거래량 또는 사업계획서상 6개월간 평균 거래량의 2% 이상에 해당하는 자기자본을 소유해야 하는 것이다. 또한 은행이 그룹에 종속된 경우에는 별도의 자기자본의 적절성을 요구하고 있다. German Banking Law §10a. 다만 은행이 그룹에 종속된 경우라 함은 해당 은행의 의결권 또는 지분의 20% 이상 특정그룹에 소유된 경우를 의미한다. German Banking Law §10a.(4). 특히 금융그룹의 자기자본의 적절성에 관하여는 German Banking Law §10b 참조.

44) 기본자본의 구성요소에 대한 보다 상세한 설명은 German Banking Law §10.(2a) 참조.

45) 보완자본의 구성요소에 대한 보다 상세한 설명은 German Banking Law

되며 보완자본이 기본자본의 50%를 초과할 수는 없도록 규정되어 있다.[46] 이와 같은 자기자본이 총 적정자기자본의 120% 아래로 떨어지면 해당 은행은 독일 연방금융감독당국(BaFin)에게 즉시 통지해야 한다.[47] 또한 은행이 고객에게 금융서비스를 제공할 때 고객의 금전 또는 증권의 소유나 보유가 승인되지 않았거나 은행의 고유계정으로 금융상품을 거래하는 것이 승인되지 않았다면 해당 은행은 최근 회계보고서에서 이와 관련된 비용의 25% 이상에 해당되는 자기자본을 소유하고 있다는 사실을 증명하도록 되어 있다.[48]

기술한 자기자본이 적정하지 못한 경우 독일 연방금융감독당국(BaFin)은 해당 은행에 대하여 다음과 같은 제재를 부과한다.[49] (1) 은행의 소유자 및 사원에 의한 인출 및 배당의 금지 또는 제한 (2) 신용공여의 금지 또는 제한 (3) 위험감소명령이 그것이다. 은행이 그룹에 종속된 경우에도 이와 동일한 제재가 부과되며 이와는 별도로 독일 연방금융감독당국(BaFin)은 대규모위험 노출의 한도를 하향시킬 수 있다.[50] 다만 이와 같은 독일 연방금융감독당국(BaFin)의 제재는 해당 은행이 정해진 기간 내에 미달된 요건을 충족시키지 못한 경우에만 부과되는 것이다.[51]

1.4.2. 은행의 출자 및 신용공여의 한도

독일은행법상 은행은 그 지불을 위한 적절한 유동성이 보장되는 범위 내에서만 출자가 가능하다는 것이 기본원칙이다.[52] 이에 따라 은행은 다른 은행, 금융투자회사, 독일자산운용회사, 금융회사,[53] 보험회사,

§10.(2b) 참조.

46) German Banking Law §10.(2).sentence 2 & 4.
47) German Banking Law §10.(7).sentence 7.
48) German Banking Law §10.(9).sentence 1.
49) German Banking Law §45.(1).
50) German Banking Law §45.(2).
51) German Banking Law §45.(4).
52) German Banking Law §11.(1).
53) 독일은행법상 금융회사(financial enterprises)는 은행, 금융투자회사 또는 독일

재보험회사 및 이와 관련된 회사에 대하여 해당 은행의 책임자본의 25%를 초과하여 출자할 수 없으며 합계로도 800%를 초과할 수 없는 것이 원칙이나,[54] 독일 연방금융감독당국(BaFin)의 승인이 있다면 이 한도를 초과할 수 있다.[55]

독일은행법상 非거래계정을 보유한 은행(이하 非거래계정 은행이라 함)은 단일차주에 대한 총신용공여가 해당 은행의 책임자본의 10% 이상(이를 거액의 신용공여라 함)이 되면 독일 중앙은행(Deutsche Bundesbank: DB)에게 즉시 통지해야 한다.[56] 또한 이와 같은 통지를 받은 독일 중앙은행(DB)은 자신의 의견을 첨부해서 독일 연방금융감독당국(BaFin)에게 전달하게 된다.[57] 그러나 이와 같은 제한이 예외적으로 허용되는 경우로는 해당 非거래계정 은행이 법인이나 영리 조합으로 구성되는 경우 그 책임자들의 만장일치가 있다면 예외적으로 거액의 신용공여가 가능한 것이다.[58] 비록 이 경우에도 독일 연방금융감독당국(BaFin)의 승인이 없는 한 해당 은행의 책임자본의 25%(개별)나 800%(합계)를 초과할 수는 없다.[59] 다만 개별적인 사안에 따라 긴급한 거래의 경우라면 사후의 만장일치도

자산운용회사 이외의 회사로서 다음과 같은 업무를 주로 하는 회사를 의미한다. (1) 지분인수 및 보유업 (2) 금전채권인수업 (3) 업무용차량리스업 (4) 자기계정에 의한 금융상품거래업 (5) 금융상품의 투자에 관한 자문업 (6) 기업의 자본구조, 산업전략 및 인수합병에 관한 자문업 (7) 자금중개업이 그것이다. German Banking Law §1.(3).sentence 1.

54) German Banking Law §§12.(1) sentence 1-2. 13.(3) & 13a.(3).

55) German Banking Law §12.(1) sentence 3. 은행이 특정그룹에 속한 경우에도 이와 동일하다. German Banking Law §12.(2).

56) German Banking Law §13.(1).sentence 1. 독일은행법상 非거래계정 은행에 해당하는 경우로는 다음과 같다. 즉 은행의 거래계정에 의한 업무로 발생된 주식이 (1) 해당 은행의 총대차대조표(부외거래포함)의 5%를 초과하지 않거나 (2) 15,000,000유로 초과하지 않거나 (3) 해당 은행의 총대차대조표(부외거래포함)의 6%를 초과하지 않으면서 20,000,000유로를 초과하지 않는 경우가 그것이다. German Banking Law §2.(11).

57) German Banking Law §13.(1).sentence 3.

58) German Banking Law §13.(2).sentence 1.

59) German Banking Law §13.(3). 다만 이 경우에도 독일 연방금융감독당국(BaFin)의 승인이 있으면 25%나 800%의 한도를 초과할 수 있다. Id.

가능하다.[60] 이 경우에도 사후 만장일치의 결정이 있었고 이 결정이 거액의 신용공여가 있은 후 1개월 내에 취소되지 않는다면 해당 非거래계정 은행은 독일 연방금융감독당국(BaFin)과 독일 중앙은행(DB)에게 그 사실을 즉시 통지하도록 되어 있다.[61] 한편 거액의 신용공여의 발생 이유가 해당 非거래계정 은행의 책임자본의 감소로 인한 경우라면 사후 그 책임자들의 만장일치가 있다면 기존 거액의 신용공여를 그대로 유지할 수 있다.[62] 이 경우도 사후에 만장일치의 결정을 한 것이기 때문에 거액의 신용공여가 된 후 1개월 내에 이 결정을 취소하지 않는다면 해당 非거래계정 은행은 독일 연방금융감독당국(BaFin)과 독일 중앙은행(DB)에게 그 사실을 즉시 통지해야 하는 점은 자발적인 거액의 신용공여를 한 경우와 동일하다.[63] 한편 독일은행법상 거래계정을 보유한 은행(이하 거래계정 은행이라 함)의 경우도 원칙적으로는 非거래계정 은행의 경우와 비슷한 규제를 받고 있으나 일정한 부분에서는 차이가 있다. 즉 신용공여가 해당 은행의 책임자본의 10% 이상이 되면 거액의 신용공여가 되는 점은 동일하다.[64] 그러나 非거래계정 은행의 경우와는 달리 거래계정 은행의 자기자본의 10% 이상의 신용공여도 거액의 신용공여가 된다는 점에서는 차이가 있다.[65] 이와 같은 차이가 있음에도 불구하고 독일 연방금융감독당국(BaFin)의 승인이 없는 한 非거래계정 은행이나 거래계정 은행은 자신의 책임자본의 25%(개별)나 800%(합계)를 초과하여 신용공여를 할 수 없다는 점은 동일하다.[66] 그러나 非거래계정 은행의 경우와는 달리 거래계정 은행은 '자기자본'의 경우에도 개별의 경우

60) German Banking Law §13.(2).sentence 3.
61) German Banking Law §13.(2).sentence 5.
62) German Banking Law §13.(2).sentence 6.
63) German Banking Law §13.(2).sentence 8.
64) German Banking Law §13a.(1).sentence 1. 그러나 이 경우에도 非거래계정 은행은 '통지'(notify)를 해야 하나 거래계정 은행은 '보고'(report)를 해야 하는 점에 있어서 차이가 있다. Id.
65) German Banking Law §13a.(1).sentence 3.
66) German Banking Law §13a.(3).

는 25%, 합계의 경우는 800%를 초과하여 신용공여를 할 수 없다는 점에서 다르다.[67] 신용공여의 금액으로 본다면 은행은 신용공여의 총액이 1,500,000유로 이상에 해당하는 자신의 채무자를 분기별로 독일 중앙은행의 중앙신용등록센터에 보고해야 한다.[68] 다만 차관단 대출 또는 협조융자(syndicated loan)는 개별 채무자에 대한 금액 1,500,000유로 이상이 되지 않더라도 채무자 전체를 독일 중앙은행의 중앙신용등록센터에 보고해야 하는 점은 일반 신용공여의 경우와는 차이가 있다.[69]

이와 함께 은행이 그 책임자, 지배 및 감독기관 등 관련 기관에 대하여 신용공여를 하려면 원칙적으로 해당 은행의 모든 책임자의 만장일치가 있어야 하며 이와 동시에 시장의 거래조건 및 감독기관의 명시적인 승인이 있어야만 가능하다.[70] 다만 은행이 그룹에 소속되어 있고 은행이 그룹에 대하여 신용공여를 할 때에 그 위험이 없는 경우라면 이와

---

67) German Banking Law §13a.(4).

68) German Banking Law §14.(1).sentence 1. 은행 이외에 금융투자업자, 금융회사 등도 동일하게 보고해야 한다. Id.

69) German Banking Law §14.(1).sentence 6.

70) German Banking Law §15.(1).sentence 1. 여기서 은행의 책임자(들), 지배 및 감독기관 등 관련 기관에는 (1) 은행의 책임자 (2) 책임자 이외의 사원 (3) 당해 은행의 경영을 통제하기 위하여 선임된 감독기관의 구성원, (4) 지배인 및 은행업을 대표할 권한이 수여된 은행의 정식임원 (5) 위 (1)-(4)의 배우자나 동거인 및 미성년자 (6) 은행의 익명조합원 (7) 책임자나 지배인 또는 은행업을 대표할 권한이 수여된 은행의 정식임원이 법인의 법적 대표이거나 감독기관의 구성원 또는 무한책임사원인 경우 이들이 소속된 조직 (8) 법인의 법적 대표, 무한책임사원, 지배인 또는 은행업을 대표할 권한이 수여된 은행의 정식임원이 당해 은행의 감독기관의 구성원인 경우 이들의 조직 (9) 당해 은행 또는 그 책임자가 특정 조직의 자본금의 10% 이상에 해당하는 지분권을 보유하는 경우 그 조직 또는 당해 은행 또는 그 책임자가 특정 조직의 무한책임사원인 경우 그 조직 (10) 당해 은행의 자본금의 10% 이상에 해당하는 지분권을 보유한 조직 (11) 법인의 법적 대표나 사원이 그 법인 또는 인적회사의 자본금의 10% 이상에 해당하는 은행의 지분권을 보유한 경우 그 법인이나 인적회사 (12) 은행의 지배를 받거나 지배를 하는 무한책임사원, 책임자, 집행위원회나 감독기관의 구성원, 지배인 및 은행업을 대표할 권한이 수여된 은행의 정식임원과 그 배우자나 동거인 및 미성년자가 포함된다. German Banking Law §15.(1).sentence 1,numbers 1 to 12.

같은 요건 없이도 신용공여를 할 수 있는 예외가 인정되어 있다.[71] 이 경우에도 개별적인 사안에 따라 독일 연방금융감독당국(BaFin)은 그 초과되는 한도를 별도로 정할 수 있으나 초과된 부분에 대하여는 해당 은행이 책임자본을 더 확충해야 한다.[72] 만약 은행의 책임자나 그 감독기관의 구성원이 자신의 의무를 위반하여 부당한 신용공여를 한 경우 이들은 당해 은행에 대하여 연대하여 배상책임을 부담한다.[73] 이 경우 은행의 채권자가 은행으로부터 채무의 이행을 받지 못하는 경우에는 그 채권자가 은행을 대신하여 손해배상을 청구할 수 있다.[74]

1.4.3. 은행주식의 보유한도

은행자본의 10% 이상에 해당되는 주식을 취득하려는 자는 그것이 단독이든 공동이든 서면으로 독일 연방금융감독당국(BaFin)과 독일 중앙은행(DB)에게 즉시 보고(소위 사전통지)해야 하며,[75]이 지주비율에서 또 다시 20%, 30% 또는 50% 이상에 해당하는 주식을 취득하거나 은행을 자신의 지배[76] 하에 두게 되는 경우에도 서면으로 즉시 통지하도록 되어 있다.[77] 그러나 독일증권거래법에 의하면 상장된 은행주식에 대한 지주비율이 3%를 초과하는 순간부터 해당 은행과 독일 연방증권감독당국(Federal

---

71) German Banking Law §15.(1).sentence 2. 여기서 위험이 없는 경우라 함은 다음과 같은 조건을 모두 충족시켜야 한다. (1) 채무자가 당해 은행이 소속된 그룹의 주력기업이고 (2) 당해 은행과 채무자가 완전히 통합(연결)되어야 하고 (3) 해당 은행과 채무자는 독일 내에 주소를 두어야 하며 (4) 채무자는 당해 은행과 동일한 방법으로 위험을 확인하고 평가하며 관리 및 감독 등을 하는 절차에 따라야 하며 (5) 은행에 대한 채무자의 채무를 이행하는 것을 막는 현재 또는 장래의 중요한 현실적 또는 법적인 장애가 없어야 한다. German Banking Law §10c.(1).

72) German Banking Law §15.(2).sentence 1 & 2.

73) German Banking Law §17.(1).

74) German Banking Law §17.(2).sentence 1.

75) German Banking Law §2c.(1).sentence 1.

76) 독일은행법상 '지배'는 모자관계가 성립하는 경우 및 이와 유사한 관계가 존재하는 경우를 의미한다. German Banking Law §1.(8). 다만 모자관계와 유사한 경우란 개별적 사안에 따라 결정될 것으로 판단된다.

77) German Banking Law §2c.(1).sentence 6.

Securities Supervisory Authority)[78]에게 4거래일 이내에 통지하도록 되어 있기 때문에 사실상 3%부터 제한을 받는다고 할 수 있다.[79]

기술한 바와 같이 10% 이상의 주식을 취득하려는 자는 독일 연방금융감독당국(BaFin) 및 독일 중앙은행(DB)에게 보고를 하면 독일 연방금융감독당국(BaFin)은 보고서를 받은 날로부터 60일 이내에 그 취득 여부를 결정해서 통지해야 한다.[80] 이와 함께 독일 연방금융감독당국(BaFin)이 추가적인 정보요청을 하는 경우에는 일정한 기간 즉 평가개시 후 50일이 지나지 않은 경우라면 서면으로 구체적인 사항을 적시하여 해당 정보를 요구할 수 있다.[81] 이와 같이 독일 연방금융감독당국(BaFin)이 추가적으로 해당 정보를 요청한 경우 독일 연방금융감독당국(BaFin)이 해당 정보를 받을 때까지 80일을 초과하지 않는 범위 내에서 은행주식의 취득 여부에 대한 결정이 정지된다.[82] 물론 이 후에도 독일 연방금융감독당국(BaFin)은 추가적으로 요청한 정보에 관한 데이터 등을 요구할 수는 있으나 더 이상의 결정정지는 허용되지 않는다.[83] 그럼에도 불구하고 다음과 같은 예외가 허용되어 있다. 즉 만약 10% 이상의 주식을 취득하려는 자가 非회원국에 거주하거나 非회원국의 감독을 받거나 일정한 법규정에 의하여 EU지침에 의한 감독을 받게 되지 않는 경우라

78) 독일 은행업의 규제에 언급한 바와 같이 금융투자업에 대한 감독기관 역시 독일 연방금융감독당국(BaFin)이 된다. BaFin, "Homepage▶BaFin▶Functions & history ▶Securities Supervision/Asset Management▶Securities Supervision," at http://www.bafin.de/EN/Supervision/StockExchangesMarkets/stockexchangesmarkets_node.html (last visited Nov. 4, 2014). 개인의 상장주식거래는 독일 연방주식교환청(Stock Exchange Supervisory Authorities of the Federal States)의 감독을 받는다. Id.

79) Wertpapierhandelsgesetz(이하 German Securities Trading Act라 함) §21.(1). 금융투자업자에게도 이 규정은 당연히 적용된다. 참고로 독일 증권거래법에서는 3%, 5%, 10%, 15%, 20%, 25%, 30%, 50%, 75%를 초과하거나 다시 이 수치로 축소되는 경우 해당 은행 및 독일 연방증권감독당국에게 통지해야 하는 것이다. Id.

80) German Banking Law §2c.(1).sentence 1 & 2.

81) German Banking Law §2c.(1a).sentence 3 & 4.

82) German Banking Law §2c.(1a).sentence 6 & 7.

83) German Banking Law §2c.(1a).sentence 8.

면 90일 이내에 그 취득 여부를 결정하면 되는 것이다.[84]

그러나 다음의 경우에는 은행주식의 10% 이상 취득이 금지될 수 있다.[85] (1) 10% 이상 은행주식을 취득하려는 자가 신뢰성요건을 충족하지 못하거나 해당 은행의 건전한 경영을 위한 요건을 충족하지 못하거나 은행주식의 취득자금이 형사범죄에 의하여 조달된 경우 (2) 주식취득의 대상이 되는 은행이 감독요건을 충족하지 못하거나 못할 우려가 있는 경우나 10% 이상의 은행주식의 취득으로 인하여 그 취득자와 해당 은행이 하나의 기업네트워크로 통합된 결과 주식의 교차보유나 경제적 투명성이 적절하지 못하기 때문에 해당 은행을 효과적으로 감독할 수 없거나 10% 이상의 은행주식을 보유하려는 자와 이 은행의 감독당국들과의 정보교환 및 책임배분이 효과적이지 못한 경우 (3) 은행주식의 10% 이상을 취득함으로써 해당 은행이 非회원국에 주소를 둔 은행의 자회사가 된 결과 효과적인 감독을 받을 수 없거나 독일 연방금융감독당국(BaFin)과 양호한 공조를 유지하지 못하는 경우 (4) 은행주식의 10% 이상을 취득하려는 자나 법인의 경우 장래의 책임자가 신뢰성요건 또는 전문성요건을 충족하지 못하는 경우 (5) 은행주식의 취득자금이 자금세탁이나 테러리스트자금에 의한 것이거나 이와 같은 형사범죄가 시도되었거나 이와 같은 위험의 유발을 악화시키는 경우 (6) 은행주식의 10% 이상을 취득하려는 자가 재무건전성요건을 충족시키지 못하는 경우 특히 은행의 자기자본 및 유동성과 관련된 일정한 요건을 이행할 수 없는 경우가 그것이다. 이외에도 기술한 바와 같이 은행주식의 10% 이상을 취득하려는 자는 보고서를 제출해야 하는데 이때 첨부된 데이터나 독일 연방금융감독당국(BaFin)이 요청한 추가적인 정보가 완전하지

84) German Banking Law §2c.(1).sentence 9. 여기서 EU지침에 의한 감독이 적용되지 않게 하는 법규정이라 함은 양도성유가증권에 있어서 집합투자의 인수와 관련된 법규정의 공조에 관한 Council Directive 85/611/EEC of 20 December 1985 등을 말한다. 보다 상세한 내용은 German Banking Law §2c.(1).sentence 9.number 2 참조.

85) German Banking Law §2c.(1b).

못하거나 허위이거나 법정요건을 구비하지 못하면 그 취득이 금지될 수 있다. 그러나 기술한 내용 이외의 사유로는 은행주식 10% 이상의 취득을 금지할 수 없다.[86] 즉 은행주식의 10% 이상의 취득을 금지할 수 있는 사유는 기술한 (1)-(6) 및 관련 데이터와 추가로 제출된 정보에 문제가 있는 경우만 가능하다. 따라서 독일 연방금융감독당국(BaFin)은 시장의 경제적 요구로 인하여 취득규모를 정하는 등의 사전조건을 부과할 수는 없는 것이다.[87] 오로지 법정요건에 의해서만 그 취득을 금지할 수 있을 뿐이다.[88] 독일 연방금융감독당국(BaFin)이 은행주식의 10% 이상의 취득에 대하여 이를 서면으로 금지하지 않았다면 그 취득이 가능하고 다만 실제로 취득하였는지를 독일 연방금융감독당국(BaFin)에게 통지만 하면 된다.[89]

이미 은행주식의 10% 이상을 보유한 자라 할지라도 기술한 (1)-(6)과 관련 데이터와 추가정보가 문제가 있는 경우가 존재하거나 독일 연방금융감독당국(BaFin) 및 독일 중앙은행(DB)에게 법정의 사전통지를 하지 않았거나 법정의 취득금지사유가 있음에도 불구하고 은행주식을 취득한 경우라면 그 의결권의 행사가 금지되고 독일 연방금융감독당국(BaFin)의 승인이 있는 경우에만 이에 해당하는 주주권을 행사할 수 있게 된다.[90] 이 경우 독일 연방금융감독당국(BaFin)의 요청에 의하여 해당 은행의 주소지를 관할하는 법원은 의결권을 행사할 수탁자를 선임하게 된다.[91] 이렇게 선임된 수탁자는 해당 의결권을 행사할 때에도 당해 은행의 건전한 경영을 위하여 행사해야 하는 것이다.[92] 선임된 수탁자에게 소요된 비용은 독일 연방금융감독당국(BaFin)이 먼저 지불한 후에 해당 은행 및 은행주식의 처분금지나 제한을 받은 자가 연대하여 배상

86) German Banking Law §2c.(1b).sentence 5.
87) German Banking Law §2c.(1b).sentence 3.
88) German Banking Law §2c.(1b).sentence 2.
89) German Banking Law §2c.(1b).sentences 6 to 8.
90) German Banking Law §2c.(2).sentence 1.
91) German Banking Law §2c.(2).sentence 2.
92) German Banking Law §2c.(2).sentence 3.

하도록 되어 있다.[93] 그러나 선임된 수탁자를 더 이상 둘 필요가 없게 된다면 독일 연방금융감독당국(BaFin)은 법원에 대하여 수탁자의 선임을 취소해 줄 것을 요청하도록 되어 있다.[94] 또한 의결권이 있는 은행주식이나 자본금의 20%, 30% 또는 50% 미만으로 해당 은행주식을 축소하거나 전부를 양도하려는 자 및 은행에 대한 지배권에 해당하는 지분을 처분하려는 자는 독일 연방금융감독당국(BaFin) 및 독일 중앙은행(DB)에게 서면으로 즉시 보고해야 하며,[95] 이 보고서에는 잔여지분에 관한 사항도 포함되어야 한다.[96]

기술한 바와 같은 제한 이외에도 독일 연방금융감독당국(BaFin)은 은행주식의 취득을 일시적으로 금지하거나 제한해야 하는 경우가 있다.[97] 즉 유럽위원회(European Commission)가 관련 지침의 규정에 의하여 결정한 경우라면 은행이 非회원국에 주소를 둔 법인의 자회사이고 이 자회사인 은행의 지분을 취득하는 때에는 독일 연방금융감독당국(BaFin)이 그 취득을 일시적으로 금지하거나 제한한다는 것이다.[98] 그러나 제한하는 경우에도 3개월을 초과할 수 없는 것이 원칙이나 EU이사회(Council of European Union)가 그 연장을 결정한 경우라면 독일 연방금융감독당국(BaFin)은 이를 고려하여 3개월을 초과할 수 있다.[99]

1.5. 지배구조

1.5.1. 경영위원회와 감독위원회 등

독일은 은행업을 포함하여 상장회사는 그 지배구조의 방식을 (1) 경영위원회(Management Board) 및 감독위원회(Supervisory Board)와

93) German Banking Law §2c.(2).sentence 8 & 9.
94) German Banking Law §2c.(2).sentence 5.
95) German Banking Law §2c.(3).sentence 1.
96) German Banking Law §2c.(3).sentence 2.
97) German Banking Law §2c.(4).
98) German Banking Law §2c.(4).sentence 1.
99) German Banking Law §2c.(4).sentence 2 & 3.

(2) 전통적인 이사회 중에서 선택할 수 있도록 되어 있다.[100] 먼저 경영위원회는 회사경영의 책임자이기 때문에 당해 회사의 내부정책 및 관련 법령의 준수와 위험관리 등을 담당하고,[101] 주주총회를 소집하게 된다.[102] 이와 같은 경영위원회의 위원은 감독위원회가 선임, 감독 및 조언을 하고 경영위원회는 감독위원회에게 정기적으로 보고하도록 되어 있다.[103] 하나 특이한 점은 경영위원회의 위원을 선임할 때에 다양성을 이유로 여성위원의 선임을 일정비율로 고려해야 하는 것이다.[104] 또한 경영위원회의 위원의 선임권자가 감독위원회이기 때문에 보수도 감독위원회가 결정하고 회사와 이해의 충돌이 있으면 감독위원회에게 공개해야 한다.[105] 다만 이와 같은 경영위원회의 위원은 3개 이상의 다른 회사의 감독위원회의 위원으로 겸직할 수는 없다.[106]

다음으로 감독위원회는 경영위원회를 정기적으로 감독 및 조언하는 것이 주된 임무이다.[107] 또한 감독위원회는 경영위원회의 위원을 직접 선임하기도 하지만 위원회에 위임할 수도 있다.[108] 이에 따라 감독위원회는 전문적인 지식이 있는 자로 각종 위원회를 구성해야 하며,[109] 이 중 감사(회계)위원회와 추천위원회는 반드시 설치를 해야 한다.[110] 여기서 감사(회계)위원회는 회계절차의 감독, 내부통제장치의 효율성, 위험관리시스템 등과 준법감시기능을 담당하게 되며 추천위원회는 감독위원

---

100) Deutscher Corporate Governance Kodex (이하 German Corporate Governance Code라 함) §1.

101) German Corporate Governance Code §4.1.1, 4.1.3 & 4.1.4.

102) German Corporate Governance Code §2.3.1.

103) German Corporate Governance Code §§1 & 3.4.

104) German Corporate Governance Code §4.1.5. 그러나 그 구체적인 비율은 규정에 명시되어 있지 않다. Id.

105) German Corporate Governance Code §4.2.2 & 4.3.4.

106) German Corporate Governance Code §5.4.5. 제1문단.

107) German Corporate Governance Code §5.1.1.

108) German Corporate Governance Code §5.1.2.

109) German Corporate Governance Code §5.3.1.

110) German Corporate Governance Code §5.3.2 & 5.3.3.

회가 주주총회에 추천할 적임자를 추천하게 된다.[111] 특히 과거 2년 내에 경영위원회의 위원이었던 자는 독립성이 결여되기 때문에 감독위원회의 장은 될 수 없다.[112] 같은 이유로 감사(회계)위원회의 장은 감독위원회의 장을 겸직할 수 없는 것이다.[113] 이와 같은 감독위원회의 위원을 선정할 때에도 경영위원회의 위원선정과 동일하게 여성이 일정비율이 될 것을 요구하고 있다.[114] 특히 감독위원회는 그 위원의 독립성을 강하게 요구하고 있는데 만약 (1) 그 위원이 당해 은행, 그 집행부, 지배주주나 관련회사와 개인적 또는 사업적인 관계가 있거나 (2) 해당 은행과의 중요경쟁 회사의 이사 또는 비슷한 기능을 하는 자이거나 (3) 경영위원회의 위원이었던 자가 그 직이 종료된 후 2년이 경과하지 않았다면 감독위원회의 위원이 될 수 없는 것이 원칙이다.[115] 다만 감독위원회의 위원보수는 주주총회나 정관에 의해서 결정된다.[116] 한편 감독위원회의 각 위원은 이익충돌의 경우 감독위원회에게 통지해야 하고 감독위원회는 주주총회에 그 사실을 보고해야 하며,[117] 경영위원회나 감독위원회의 위원이 해당 은행의 주식 1%를 초과하여 취득하는 경우에도 그 사실은 보고된다.[118]

은행이 경영위원회 및 감독위원회의 이중지배구조를 선택하든지 전통적인 이사회의 단일지배구조를 선택하든지 은행경영의 책임자인 경영진은 신뢰성요건 및 전문성요건을 구비해야 하며,[119] 주력자회사로 은행을 지배하는 금융지주회사의 경우에도 그 경영진은 신뢰성요건과 전문

111) Id.
112) German Corporate Governance Code §5.3.2.
113) German Corporate Governance Code §5.2.
114) German Corporate Governance Code §5.4.1.제2문단.
115) German Corporate Governance Code §5.4.2 & 5.4.4.
116) German Corporate Governance Code §5.4.6.제1문단.
117) German Corporate Governance Code §5.5.2 & 5.5.3.
118) German Corporate Governance Code §6.3.
119) German Banking Law §1.(2).sentence 2. 기술한 감독위원회의 위원도 사실상 이와 동일한 요건을 충족해야 한다. German Corporate Governance Code §5.4.1.제1문단.

성요건을 구비해야 한다.[120] 이와 관련하여 은행을 지배하는 금융지주회사를 최종적으로 지배하는 금융지주회사가 있는 경우 즉 중간지주회사가 은행을 지배하고 이 중간지주회사를 다시 지배하는 최종 금융지주회사가 있는 경우 은행을 주력회사로 지배하는 금융지주회사의 경영진이 (1) 이와 같은 신뢰성요건 또는 전문성요건을 구비하지 못했거나 (2) 독일 은행법과 이 법을 시행하기 위하여 독일 연방금융감독당국(BaFin)이 제정한 규정을 고의 또는 과실로 위반하거나 (3) 독일 연방금융감독당국(BaFin)으로부터 정식으로 주의를 받았음에도 불구하고 계속해서 위반행위를 하는 경우에는 독일 연방금융감독당국(BaFin)은 최종 금융지주회사에게 해당 중간지주회사의 경영진(경영자)이 해임되도록 요구하거나 그 업무를 하지 못하도록 요구할 수 있다.[121]

1.5.2. 사업조직의 건전성과 그 제재

1.5.2.1. 사업조직의 건전성

독일은행법상 은행은 적절한 사업조직을 구비해야 하는데 이 사업조직은 사업에 필요한 것을 충족시켜야 하는 뿐만 아니라 법규정을 준수할 수 있게 하는 사업조직이어야 하는 것이다.[122] 특히 이와 같은 은행의 건전한 사업조직에는 크게 (1) 은행의 위험관리의 적절성 및 효율성 (2) 은행재무상태의 평가수단의 적절성 (3) 독일 연방금융감독당국(BaFin)의 감독상 필요한 문서작업의 완결성이 포함될 것을 요구하고 있으며,[123] 그 구체적인 내용은 다음과 같다. 첫째 은행의 위험관리의 적절성 및 효율성에는 책임소재가 분명한 조직 및 영업계획 및 은행지침에 규정된 기준에 부합하는 위험의 정의, 평가, 관리 및 보고하는 절차가 포함된 내부통제장치가 포함되어야 한다. 이때 은행의 위험관리구조

120) German Banking Law §2d.(1).

121) German Banking Law §2d.(2).

122) German Banking Law §25a.(1).sentence 1. 이와 같은 양호한 사업조직을 마련해야 하는 법정책임자는 역시 은행의 책임자이다. German Banking Law §§25a.(1).sentence 2 & 1.(2).sentence 1.

123) German Banking Law §25a.(1).sentences 3 to 7.

는 영업의 규모, 범위, 위험의 내용 및 복합성을 고려하도록 되어 있으며 해당 은행도 정기적으로 이와 같은 위험관리구조의 적절성 여부를 검사해야 하는 것이다. 이외에도 은행의 위험관리의 적절성 및 효율성에는 은행직원의 효율적인 배치도 포함되어야 하고 특히 IT시스템을 포함한 양호한 장기사업계획도 포함될 것을 요구하고 있다. 둘째 은행재무상태의 평가수단의 적절성과 관련해서는 이율 급변 시 은행의 이자율위험의 현재가치를 적절하게 평가할 수 있도록 독일 연방금융감독당국(BaFin)이 이와 같은 예외적인 상황을 반영한 지침으로 이 상황을 대비할 수 있도록 하고 있으며,[124] 개별사안에 따라서는 필요한 명령도 발할 수 있도록 하고 있다.[125] 셋째 독일 연방금융감독당국(BaFin)의 감독상 필요한 문서작업의 완결성은 그 기본 목적이 감독당국이 책임소재를 파악하기 위해 은행을 추적하여 감독할 수 있는 시스템의 일환으로 마련된 것이라고 할 수 있으며 이와 관련된 자료는 최소 5년 간 보존하도록 되어 있다.[126]

이와 함께 은행이 그룹에 소속되어 있거나 자회사인 경우에도 기술한 규정이 변형(mutatis mutandis)되어 적용된다.[127] 그 결과 해당 그룹이나 금융지주회사의 책임자 또는 실질적으로 경영하는 자가 당해 은행이 포함된 그룹의 사업조직이 적절한지에 대하여 법정책임을 지는 것이다. 또한 은행이 대리상으로 활동하는 경우 해당 은행은 제공하는 금융서비스에 필요한 신뢰성요건 및 전문성요건을 충족해야 하며 당해 금융서비스를 제공할 때 관련 법정요건을 이행해야 하고 해당 금융서비스를 제공하기 전에 해당 금융소비자에게 당해 은행은 대리상이라는 사실과 그 대리상의 종료에 관하여도 즉시 통지하도록 되어 있다.[128] 이 경우 대리상으로 활동한 은행은 대리상이 종료된 후 최소 5년 동안은 관련

124) German Banking Law §25a.(1).sentence 7.
125) German Banking Law §25a.(1).sentence 8.
126) German Banking Law §25a.(1).sentence 6.number 2.
127) German Banking Law §25a.(1a).
128) German Banking Law §25a.(4).sentence 1.

의무를 이행했다는 증거서류를 보관해야 한다.[129]

일정한 경우 은행은 그 업무를 위탁할 수 있으나 과도한 추가적인 위험이 발생하지 않도록 적절한 장치를 마련해야 한다.[130] 특히 위탁을 하는 은행은 위탁되는 업무에 대해 장기적으로 적절하고 효과적인 위험관리를 확보하도록 되어 있다.[131] 그러나 은행이 위탁을 하더라도 그 책임은 은행으로부터 업무를 위탁받은 기관으로 이전되지는 않으며 위탁받는 자가 회원국에 주소를 둔 자이거나 非회원원국에 주소를 둔 자인가는 불문한다.[132] 따라서 법규준수의무의 법정책임자는 여전히 위탁을 준 은행에 남아 있는 것이다. 독일 연방금융감독당국(BaFin) 역시 위탁으로 인하여 감독권의 행사에 침해를 받게 되면 개별사안에 따라서는 이와 같은 장애를 제거하기 위하여 필요한 명령을 발할 수도 있다.[133]

1.5.2.2. 그 제재

은행이 양호한 사업조직을 구비하지 못하여 독일 연방금융감독당국(BaFin)의 시정조치명령을 받고도 이를 이행하지 못한 경우에는 독일 연방금융감독당국(BaFin)의 명령에 의하여 다음과 같은 제재가 부과될 수 있다.[134] (1) 추가적인 자기자본의 확충 (2) 위험감소 조치 (3) 독일 연방금융감독당국(BaFin)의 승인이 있는 경우에만 지점설치 (4) 고객의 예금, 자금이나 유가증권의 인수 및 대출의 금지 또는 일정한 범위 내로의 영업제한이 그것이다.[135] 또한 은행이 그룹에 속하거나 금융지주회사의 자회사인 경우에는 기술한 제재가 변형되어 적용된

129) German Banking Law §25a.(4).sentence 2.

130) German Banking Law §25a.(2). 물론 이 경우에도 위탁되는 업무의 성질, 규모, 위험의 내용 및 복합성이 고려될 것을 요구하고 있다. German Banking Law §25a.(2).sentence 1.

131) German Banking Law §25a.(2).sentence 3.

132) German Banking Law §25a.(2).sentences 4 to 6.

133) German Banking Law §25a.(3).

134) German Banking Law §45b.

135) German Banking Law §45b.(1).

다.[136] 예컨대 대출의 금지나 제한 대신에 위험에 노출되는 한도를 더 낮추는 제재를 들 수 있을 것이다.

1.5.3. 감사와 책임자

1.5.3.1. 감사선임과 감독당국의 감사선임요청

은행은 감사와 계약하는 즉시 독일 연방금융감독당국(BaFin)과 독일 중앙은행(DB)에게 그 선임을 통지하도록 되어 있다.[137] 이러한 통지를 받은 후 독일 연방금융감독당국(BaFin)이 새로 선임된 감사가 감사의 목적을 달성할 수 없다고 판단되면 해당 은행에 대하여 다른 감사의 선임을 요청할 수 있다.[138] 이와 함께 은행이 회계법인을 감사로 선임하였고 이 회계법인이 당해 은행의 회계연도를 2년 계속해서 감사로 활동하였을 뿐만 아니라 감사보고서를 포함한 이전의 감사가 감사의 목적을 달성할 수 없었다고 판단되면 독일 연방금융감독당국(BaFin)은 해당 은행에 대하여 감사책임자의 변경을 요청할 수 있다.[139] 이와 같이 독일 연방금융감독당국(BaFin)의 요청에 의하여 해당 은행의 주소지를 관할하는 법원이 다음과 같은 경우에 감사를 새로이 선임하도록 되어 있는 것이다.[140] (1) 은행이 감사를 선임하고도 당해 회계연도가 끝날 때까지 통지를 하지 않은 경우 (2) 감사를 선임한 은행이 독일 연방금융감독당국(BaFin)의 감사교체의 요청에 불응한 경우 (3) 선임된 감사가 감사지침을 거부하여 더 이상 감사의 목적을 달성할 수 없음에도 불구하고 해당 은행은 다른 감사를 즉시 선임하지 않는 경우가 그것이다.

1.5.3.2. 감사의 의무

은행의 감사는 연간감사, 중간감사 및 재무상태를 감사하면서 해당

---

136) German Banking Law §45b.(2).

137) German Banking Law §28.(1).sentence 1.

138) German Banking Law §28.(1).sentence 2.

139) German Banking Law §28.(1).sentence 3.

140) German Banking Law §28.(2).sentence 1. 이렇게 선임된 감사는 역시 독일 연방금융감독당국(BaFin)의 요청에 의하여 법원이 그 선임을 종료하는 것이다. German Banking Law §28.(2).sentence 4.

은행이 법정요건을 충족하고 있는지를 감사하여 자신이 알게 된 일정한 사실[141]을 독일 연방금융감독당국(BaFin)과 독일 중앙은행(DB)에게 통지하도록 되어 있다.[142] 감사의 이와 같은 보고 이외에도 독일 연방금융감독당국(BaFin) 및 독일 중앙은행(DB)은 감사에게 감사보고서를 설명 및 공개하도록 요청할 수도 있는 것이다.[143] 이와 함께 은행과 밀접하게 연결되어 있는 자에게도 위와 같은 요건이 부과된다.[144] 이와 관련하여 독일 연방재무장관(Federal Ministry of Finance)은 법무장관의 동의 하에 독일 중앙은행(DB)과 협의 후 감사의 목적, 기간 및 감사보고서의 내용에 관하여 보다 상세한 규정을 제정할 권한이 있으며 이를 독일 연방금융감독당국(BaFin)에 위임할 수 있다.[145] 이에 따라 독일 연방금융감독당국(BaFin)은 해당 은행별로 감사보고서의 내용을 달리 정할 수 있으며 특히 감사의 중요한 사항을 결정할 수도 있는 것이다.[146]

1.5.3.3. 책임자에 대한 감독당국의 해임요청

은행책임자는 은행을 경영하고 이를 대표하기 위하여 법규정에 의하여 선임되는 것이 일반적이지만 일정한 경우 독일 연방금융감독당국이 은행책임자의 해임요구 등의 제한을 할 수 있다.[147] 즉 (1) 영업에 필요한 재원 특히 초기 자본금이 독일 내에서 이용될 수 없거나 (2) 은행업을 신청한 자 또는 은행책임자가 신뢰성요건을 충족시키지 못하거나 (3) 은행에 대하여 10% 이상의 지분권을 보유한 자나 법정대표자가 신뢰성요건 또는 해당 은행의 경영건전성 요건을 충족시키지 못하거나

---

141) 감사가 알게 된 일정한 사실에는 은행책임자의 심각한 불법행위, 정관위반행위 등이 포함된다. German Banking Law §29.(3).sentence 1.

142) German Banking Law §29.(1) & (3).

143) German Banking Law §29.(3).sentence 2.

144) German Banking Law §29.(3).sentence 3. 해당 은행과 밀접한 연관이 된 자라 함은 은행의 자본금 또는 의결권의 20% 이상을 직·간접적으로 보유하거나 은행이 자회사인 경우를 의미한다. German Banking Law §1.(10).numbers 1 to 2.

145) German Banking Law §29.(4).sentence 1 & 3.

146) German Banking Law §30.sentence 1 & 2.

147) German Banking Law §1.(2).sentence 1 & 2.

(4) 은행의 소유자 또는 은행책임자가 전문성요건을 충족하지 못하거나[148] (5) 고객의 자금이나 유가증권을 보유할 수 있거나 연금계약을 체결할 수 있는 은행이 2명 이상의 은행책임자를 두고 있지 않거나 (6) 은행의 본점이 독일 내에 있지 않거나 (7) 은행업의 인가에 부합되는 영업지침을 위하여 필요한 조직배치가 마련되지 않거나 (8) 은행업의 신청자가 독일 외의 은행의 자회사이나 해당 국가의 감독당국이 자회사의 설립을 허용하지 않거나 (9) 은행이 다른 자와 기업네트워크로 통합되어 있거나 밀접하게 연관되어 있거나 또는 경제적 투명성이 적절하지 못하여 독일 연방금융감독당국(BaFin)의 감독의 효율성이 침해되거나 (10) 非회원국의 법규정에 의하여 독일 연방금융감독당국(BaFin)의 감독의 효율성이 침해되거나 (11) 해당 은행이 독일 연방금융감독당국(BaFin)의 효과적인 감독을 할 수 없는 非회원국에 주소를 둔 은행의 자회사이거나 해당 국가의 감독당국이 독일 연방금융감독당국(BaFin)과 적절한 공조를 하지 않거나 (12) 해당 은행에 대하여 파산절차가 이미 진행 중이거나 은행채권자에게 대하여 채무불이행의 위험이 있고 이 위험이 다른 법규정에 의해서도 해소될 수 없거나 (13) 은행이 독일은행법 등 관련법규정을 지속적으로 위반한 경우가 그것이다.[149] 원래 기술한 (1)-(13)에 해당되면 은행업의 인가가 취소될 수 있는 것이지만,[150] 위에서 살펴본 바와 같이 독일 연방금융감독당국(BaFin)은 취소대신에 해당 은행책임자의 교체를 요청하면서 그 업무를 정지시킬 수도 있는 것이다.[151] 이외에도 은행책임자는 개인적으로 은행법 등 관련법규정을 고의 또는 과실로 지속적으로 위반하여 독일 연방금융감독당국(BaFin)으로부터 엄중히 경고를 받았음에도 불구하고 그 위반행위를 계속하게 되면 독일 연방금융감독당국(BaFin)은 해당 은행책임자의 해임을 요청함과 동

148) 은행책임자가 지명되지 않은 경우에도 은행책임자의 전문성요건을 충족시키지 못한 것으로 해석된다. German Banking Law §33.(1).number 4.

149) German Banking Law §36.(1).sentence 1.

150) German Banking Law §35.(2).

151) German Banking Law §36.(1).sentence 1.

시에 그 업무를 금지시킬 수 있다.[152] 이런 이유로 은행책임자 대신에 새로이 선임된 자를 특별대표라고 하며 이 특별대표에게 은행책임자 등 은행의 기존 지배기관의 권한이 전부 또는 일부가 이전되는 것이다.[153] 이때 발생된 비용은 해당 은행에서 부담하나 특별대표의 보수는 독일 연방금융감독당국(BaFin)에 의하여 결정된다.[154]

1.5.4. 감독당국의 주주총회 등의 소집요구 및 그 대표파견

독일 연방금융감독당국(BaFin)은 은행의 주주총회나 감독기구의 소집을 요청할 수 있으며 여기에 그 대표자를 파견하여 의견을 제시할 수 있다.[155] 그러나 독일 은행법은 독일 연방금융감독당국(BaFin)이 은행의 주주총회 등을 소집하고 그 대표자를 파견하는데 필요한 특별한 요건을 규정하고 있지 않고 단순히 관련 당사자는 독일 연방금융감독당국(BaFin)의 주주총회 등의 소집과 그 대표자의 파견과 같은 조치에 따라야 한다고만 규정하고 있을 뿐이다.[156]

1.5.5. 내부통제장치

은행은 양호한 사업조직을 마련해야 하는데 여기에는 특히 적절하고 효과적인 위험관리 장치가 포함될 것을 요구하고 있음은 기술한 바와 같다.[157] 그리고 이와 같은 위험관리장치에는 내부통제장치가 포함되어야 하며 여기에는 (1) 책임범위의 명확한 개념과 함께 조직 및 영업계획 (2) 은행지침의 부칙 Ⅴ에 규정된 기준에 따른 위험의 정의, 평가, 관리, 감독 및 보고절차가 특히 포함되어야 하는 것이다.[158] 이와 같은 내부통제장치는 은행업에 있어서 중요한 제도적 장치이기 때문에 은행업의 인가를 신청할 때에도 반드시 포함될 것을 요구하고 있다. 그 이유는 독일 은행법은 은행업의 인가신청 시 실행 가능한 사업계획서를

---

152) German Banking Law §36.(2).
153) German Banking Law §36.(1a).sentence 1.
154) German Banking Law §36.(1a).sentence 2 & 3.
155) German Banking Law §44.(4) & (5).
156) German Banking Law §44.(4).sentence 3 & (5).sentence 4.
157) German Banking Law §25a.(1).
158) German Banking Law §25a.(1).sentence 3.number 1.

제출해야 하는데 이때 내부통제장치가 포함되어야만 실행 가능한 사업 계획서라고 보기 때문이다.[159]

1.5.6. 임점검사

독일 연방금융감독당국(BaFin)은 그 이유에 제한 없이 은행 등에 대하여 임점검사를 실시할 수 있고 그 권한을 독일 중앙은행(DB)에 위임할 수 있다.[160] 이에 따라 독일 연방금융감독당국(BaFin)과 독일 중앙은행(DB) 및 독일 연방금융감독당국(BaFin)의 임점검사의 기능을 수행하는 자가 해당 은행 등에 출입하여 필요한 검사를 실시할 수 있는 것이다.[161]

은행의 통합감독에 포함되고 독일 외부에 주소를 둔 자 역시 독일 연방금융감독당국(BaFin)의 임점검사의 대상이 되나 이때는 독일 연방금융감독당국(BaFin)에 제공된 데이터의 정확성에 대한 확약(verification)이 임점검사의 중심이 된다.[162] 또한 은행을 지배하는 중간지주회사와 같은 중간금융그룹의 경우에도 독일 연방금융감독당국(BaFin)의 임점검사의 대상이 되나 변형되어 적용된다는 점에서 차이가 있다.[163]

이와 같은 임점검사는 다음과 같은 경우에 확대된다. 즉 은행에 대하여 10% 이상의 지분권을 취득하려고 보고하는 자, 실제 은행의 지분권을 10% 이상 보유하고 있는 자와 이 자에 의하여 지배받는 자 및 기술한 자와 제휴되어 있는 자가 다음과 같은 사유에 해당되면 임점검사의 대상이 되는 것이다.[164] (1) 은행에 대한 지분권을 10% 이상 취득하려는 자가 신뢰성요건을 충족하지 못하거나 해당 은행의 건전한 경영을

---

159) German Banking Law §32.(1).sentence 2.number 5.

160) German Banking Law §44.(1).sentence 2 & (2).sentence 2.

161) German Banking Law §44.(1).sentence 2. 이와 같은 임점검사는 통상의 영업시간에 실시된다. German Banking Law §44.(1).sentence 2 & (2).sentence 2.

162) German Banking Law §44.(3).sentence 1. 그 자회사 역시 임점검사의 대상이 된다. German Banking Law §44.(3).sentence 2.

163) German Banking Law §44.(3a).

164) German Banking Law §44b.(1).sentence 1 & (2).sentence 2. 은행업 등이 위탁된 경우 위탁받은 자도 임점검사의 대상에 포함된다. German Banking Law §44.(1).sentence 2.

위한 요건을 충족하지 못하거나 은행주식의 취득자금이 형사범죄에 의하여 조달된 경우 (2) 지분권 취득의 대상이 되는 은행이 감독요건을 충족하지 못하거나 못할 우려가 있는 경우나 10% 이상의 은행지분권의 취득으로 인하여 그 취득자와 해당 은행이 하나의 기업네트워크로 통합된 결과 주식의 교차보유나 경제적 투명성이 적절하지 못하기 때문에 해당 은행을 효과적으로 감독할 수 없거나 10% 이상의 은행지분권을 보유하려는 자와 이 은행의 감독당국들과의 정보교환 및 책임배분이 효과적이지 못한 경우 (3) 은행지분권의 10% 이상을 취득함으로서 해당 은행이 非회원국에 주소를 둔 은행의 자회사가 된 결과 효과적인 감독을 받을 수 없거나 독일 연방금융감독당국(BaFin)과 양호한 공조를 하지 못하는 경우 (4) 은행지분권의 10% 이상을 취득하려는 자나 법인의 경우 장래의 책임자가 신뢰성요건 또는 전문성요건을 충족하지 못하는 경우 (5) 은행지분권의 취득자금이 자금세탁이나 테러리스트자금에 의한 것이거나 이와 같은 형사범죄가 시도되었거나 이와 같은 위험의 유발을 악화시키는 경우 (6) 은행지분권의 10% 이상을 취득하려는 자가 재무건전성요건을 충족시키지 못하는 경우 특히 은행의 자기자본 및 유동성과 관련된 일정한 요건을 이행할 수 없는 경우가 그것이다.

1.6. 제재효과의 적시성

독일은행법상 일정한 경우 부과된 제제의 효과는 유예가 되지 않는다.[165] 즉 제재조치를 받은 은행 등이 이의를 제기하더라도 그 효과가 중단되지 않는다는 것이다. 이렇게 함으로서 제재의 적시성을 확보하려는 것으로 판단된다.

165) German Banking Law §49. 그 일정한 경우에 해당되는 조문이 구체적으로 적시되어 있다. Id.

1.7. 정보공개

독일은행법상 정보공개는 해당 은행이 감독당국에게 공개하는 것과 일반대중에게 공개하는 것으로 대별할 수 있다. 그 하나는 먼저 은행이 독일 연방금융감독당국(BaFin) 및 독일 중앙은행(DB)에게 '즉시' 보고하는 것이 있으며 그 내용은 다음과 같다.[166] (1) 은행책임자나 은행을 대표할 자를 선임할 의사, 그 의사의 합당한 사유와 이들의 신뢰성요건 및 전문성요건을 평가한 내용 (2) 은행책임자 및 그 대표자의 퇴임과 해임 (3) 은행의 법적 형태 및 상호의 변경 (4) 책임자본의 25%에 해당하는 손실 (5) 사무소나 주소의 이전 (6) 非회원국[167]에서의 지점의 설치, 이전 및 폐쇄와 지점을 설치하지 않고 해당 서비스를 제공한 경우 그 개시와 종료 (7) 은행업의 중단 (8) 은행의 해산을 결정하는 당해 은행의 지배기구의 의사 (9) 은행의 초기자본이 독일은행법상 최저요건 아래로 떨어진 경우와 적절한 보험담보의 중단 (10) 은행에 대한 10% 이상의 지분권의 취득이나 처분, 은행의 의결권 또는 자본금의 20%, 30%와 50%에 달하거나 초과하거나 이 비율 이하로 떨어지는 경우와 은행이 다른 회사의 자회사가 되거나 더 이상 자회사가 아닌 경우 (11) 유가증권의 환매계약이나 대출거래 등의 상대방이 그 의무를 이행하지 않는 경우 (12) 은행이 다른 자와 밀접하게 연관되거나 그것이 변경되거나 종료된 경우 (13) 다른 회사에 대한 은행의 10% 이상의 출자의 개시, 변경 또는 종료 (14) 독일 연방금융감독당국(BaFin)이 정한 금리의 갑작스럽고 예기치 못한 변경으로 인하여 은행의 현재 가치가 자기자본의 20% 이상까지 감소한 경우 (15) 은행의 자체 감독기구의 구성원의 선임과 그 구성원의 신뢰성요건 및 전문성요건을 평가한 내용 (16) 총

---

166) German Banking Law §§24 & 24b.

167) 은행이 회원국에 지점을 설치하는 경우에도 즉시 보고해야 한다. German Banking Law §24a.(1).sentence 1. 이때 포함되어야 사항은 지점이 어느 회원국에 설치되는지, 지점의 사업계획 및 조직구조, 관련 기록과 문서를 주고 받을 수 있는 주소와 해당 지점의 경영자의 성명이 그것이다. Id.

자산에 대한 재무제표상의 자본비율의 변경, 재무제표상에 나타나지 않는 채무와 월별 실적의 5% 이상에 해당하는 재무제표에 나타나지 않는 거래에서 발생한 손실에 대한 대체비용 (17) 은행이 다른 은행 및 금융투자회사와 합병하는 경우 (18) 은행이 결제시스템을 운영하는 경우 및 그 참여자의 변경이 그것이다. 이와 함께 은행을 자회사로 두고 있는 금융지주회사도 첫째 해당 금융지주회사를 실질적으로 경영하는 자를 선임하려는 의사와 그 자의 신뢰성요건 및 전문성요건을 평가한 내용 둘째 해당 금융지주회사의 실질적인 경영자의 퇴임 셋째 해당 금융지주회사의 조직의 변경 넷째 해당 금융지주회사의 자체 감독기구의 구성원의 선임과 그 자의 신뢰성요건 및 전문성요건을 평가한 내용을 독일 연방금융감독당국(BaFin)과 독일 중앙은행(DB)에게 즉시 보고해야 하는 것이다.[168] 뿐만 아니라 은행을 자회사로 지배하는 금융지주회사나 복합금융지주회사의 책임자나 그 경영을 실질적으로 담당하는 자도 자신의 직무의 개시와 종료, 다른 회사에 대하여 직접 지분권의 취득과 처분 및 그 변경을 독일 연방금융감독당국(BaFin)과 독일 중앙은행(DB)에게 보고해야 하는 것이다.[169] 다음으로 해당 은행은 아래 사항을 독일 연방금융감독당국(BaFin)과 독일 중앙은행(DB)에게 '연차'별로 보고하는 경우가 있다.[170] ① 해당 은행이 다른 자와 밀접하게 연관되어 있다는 사실 ② 은행이 10% 이상 출자한 경우 그 지분 ③ 은행에 10% 이상의 지분권을 보유한 자의 성명과 주소 및 그 금액 ④ 은행의 국내 지점의 개수 ⑤ 승인받은 연차회계보고서에 기초한 수정된 재무제표상의 자본비율이 그것이다. 이외에도 은행을 지배하는 금융지주회사는 자신이 지배하고 있는 은행, 자산운용회사, 금융회사, 기타 부수적인 서비스를 제공하는 회사의 요약보고서를 독일 연방금융감독당국(BaFin) 및 독일 중앙은행(DB)

---

168) German Banking Law §24.(3a).sentence 1.

169) German Banking Law §24.(3).sentence 1. 여기서 직접 지분권이라 함은 피취득자의 자본금의 25% 이상을 보유하는 경우를 의미한다. German Banking Law §24.(3).sentence 2.

170) German Banking Law §24.(1a).

에게 연차별로 보고해야 한다.[171] 이와 같이 은행은 해당 정보를 감독당국에게 '즉시' 또는 '연차'별로 보고하는 경우 이외에 감독당국의 요청이 있으면 '수시'로 모든 영업활동에 관한 정보 및 서류를 제출해야 하는 것이 원칙이다.[172]

다른 하나는 은행이 일반대중에게 자본금, 발생된 위험 및 그 위험관리절차, 신용위험완화기술 및 유동화된 거래에 관한 정보를 정기적으로 공개해야 하는 것이다.[173] 다만 해당 정보가 중요하지 않는 경우라면 은행은 이와 같은 정보를 대중에게 공개할 필요는 없다.[174] 그러나 이 경우에도 은행은 해당 정보가 공개될 수 없는 이유를 설명해야 하며 이 정보를 보다 일반화한 후 일반대중에게 공개하도록 되어 있다.[175] 그럼에도 불구하고 은행이 공개해야 할 정보를 일반대중에게 공개하지 않았다면 독일 연방금융감독당국(BaFin)은 개별적인 사안에 따라 해당 정보가 제대로 공개될 수 있도록 적절하고 필요한 명령을 발할 수 있다.[176] 은행이 금융그룹에 소속되어 있든지 금융지주회사의 자회사인 경우에도 기술한 은행의 정보공개의 규정이 적용되나 원래의 규정대로 적용되는 것은 아니고 변형되어 적용된다.[177]

---

171) German Banking Law §24.(3a).sentence 2.

172) German Banking Law §44.(1).sentence 1. 여기서 독일은행법상 정보 등을 제공해야 하는 대상에는 은행뿐만 아니라 이 은행의 지배기구의 구성원, 이 은행의 근로자와 이 은행을 지배하는 자가 포함된다. German Banking Law §44.(1).sentence 1 & (2).sentence 1.

173) German Banking Law §26a.(1).sentence 1.

174) German Banking Law §26a.(2).sentence 1. 여기서 공개되어야 할 중요한 정보나 법규정에 의해서 보호받아야 할 정보는 첫째 해당 정보이용자가 경제적인 결정을 할 때 그 정보의 누락으로 인하여 정보의 평가나 결정에 변경이나 영향을 주는 경우 둘째 해당 정보의 공개로 인하여 당해 은행의 경쟁력을 약화시킬 수 있는 경우의 정보를 의미한다. German Banking Law §26a.(2).sentence 2. 그러나 해당 정보가 계약에 기초한 것이라면 그 정보는 기밀사항으로 보호되어야 하는 것으로 공개되어야 할 정보는 아닌 것이 원칙이다. German Banking Law §26a.(2).sentence 2.number 3.

175) German Banking Law §26a.(2).sentence 3.

176) German Banking Law §26a.(3).

177) German Banking Law §26a.(4).sentence 1.

1.8. 규제 및 감독의 공조

독일은행법상 은행의 규제 및 감독의 공조는 국내공조와 국외공조로 대별된다. 먼저 국내공조의 주요한 내용은 다음과 같다. 첫째 독일연방금융감독당국(BaFin)은 독일은행법에서 정한대로 독일 중앙은행(DB)과 공조를 하도록 되어 있으며 이와 같은 독일 중앙은행(DB)과의 공조에는 은행에 대한 독일 중앙은행(DB)의 현재 진행 중인 감독도 포함된다.[178] 여기서 현재 진행 중인 감독에는 독일 중앙은행(DB)에 제출한 은행서류의 평가, 감사보고서, 연간재무제표, 은행의 자본적정성 및 위험관리절차의 평가와 관련하여 은행영업의 감사의 실행 및 평가, 감사 때 발견된 사실의 평가가 구체적으로 포함된다.[179] 다만 독일 연방금융감독당국(BaFin)이 독일 중앙은행(DB)의 현재 진행 중인 감사를 공조내용에 포함시킬 경우에는 독일 중앙은행(DB)과의 협약에 기초해야 한다.[180] 둘째 독일 연방금융감독당국(BaFin)이 공조에 관한 지침을 제정하고 독일 중앙은행(DB)이 이를 준수해야 하는 것이 원칙이다.[181] 다만 독일 연방금융감독당국(BaFin)이 독일 중앙은행(DB)의 현재 진행 중인 감사를 공조의 내용에 포함시키려면 독일 중앙은행(DB)과 협약에 의하여 이를 바탕으로 지침을 마련해야 한다는 것은 기술한 바와 같다. 그러나 만약 독일 연방금융감독당국(BaFin)과 독일 중앙은행(DB)의 협약이 정한 기간 내에 이루어지지 않으면 독일 연방재무장관이 독일 중앙은행(DB)과 협의한 후 이에 관한 지침을 제정하게 된다.[182] 비록 독일 연방재무장관이 대신 지침을 제정하더라도 은행에 대한 감독권자는 독일 연방금융감독당국(BaFin)이 됨은 변함이 없다.[183] 셋째 독일은행법상 공조규정에 따라 독일 연방금융감독당국(BaFin)과 독일 중앙은행(DB)은 자신의 감독상

178) German Banking Law §7.(1).sentence 1 & 2.
179) German Banking Law §7.(1).sentence 3.
180) German Banking Law §7.(2).sentence 2.
181) German Banking Law §7.(2).sentence 1.
182) German Banking Law §7.(2).sentence 3.
183) German Banking Law §7.(2).sentence 4.

의견이나 결과를 서로 교환해야 한다.[184] 이에 따라 독일 중앙은행(DB)은 자신의 업무수행 중에 취득한 통계에 관한 데이터를 독일 연방금융감독당국(BaFin)에게 제공해야 하며 독일 중앙은행(DB)이 해당 통계를 수집하기 전에 독일 연방금융감독당국(BaFin)과 이에 관하여 협의를 하도록 되어 있다.[185] 넷째 독일 연방금융감독당국(BaFin)과 독일 중앙은행(DB)은 서로 상대방의 데이터베이스에 저장된 데이터에 접근할 수 있으며 공동으로 데이터자료를 만들 수도 있다.[186] 공동으로 만든 자료는 자료를 입력한 자가 그 자료의 수정, 차단 또는 삭제를 할 수 있는 것이 원칙이나 입력된 자료가 정확하지 않다는 의심이 있다면 상대방에게 그 사실을 즉시 통지하도록 되어 있다.[187] 이에 따라 통지를 받은 상대방은 그 자료의 정확성을 즉시 확인해서 필요하다면 즉시 수정, 차단 또는 삭제해야 하는 것이다.[188] 다섯째 독일 연방재무장관은 거대신용공여와 1,500,000 이상의 유로를 대출하는 등의 경우 독일 중앙은행(DB)과 협의하도록 되어 있으며 이 권한은 독일 연방금융감독당국(BaFin)에게 위임할 수 있다.[189] 이 위임에 따라 독일 연방금융감독당국(BaFin)은 독일 중앙은행(DB)과 협의하여 관련 하위규정을 제정할 수 있다. 또한 독일 연방금융감독당국(BaFin)은 이와 같은 하위규정을 제정하기 전에 전국은행협회와 사전에 협의를 해야 한다.[190]

다음으로 국외공조를 살펴보면 다음과 같다. 첫째 독일 연방금융감독당국(BaFin) 및 독일 중앙은행(DB)은 다른 회원국에서 은행업을 하거나 금융서비스를 제공할 때에는 다른 회원국의 감독당국과 공조하도록 되어 있다.[191] 특히 은행에 대하여 10% 이상의 지분권을 취득하려는데

184) German Banking Law §7.(3).sentence 1.
185) German Banking Law §7.(3).sentence 2 & 3.
186) German Banking Law §7.(4).sentence 2 & (5).sentence 1.
187) German Banking Law §7.(5).sentence 2 & 3.
188) German Banking Law §7.(5).sentence 4.
189) German Banking Law §22.sentence 1 & 2.
190) German Banking Law §22.sentence 2 & 3.
191) German Banking Law §8.(3).sentence 1.

필요한 보고서와 같이 일정한 보고서를 제출하도록 되어 있는 자가 다른 회원국에서 영업을 할 수 있도록 인가를 받은 예금수취회사, 전자화폐회사, 증권거래회사, 보험회사, 재보험회사나 운용회사이거나 이들 회사의 모회사 또는 이들 회사를 지배하는 자연인이나 법인인 경우 독일 연방금융감독당국(BaFin)은 다른 회원국의 감독당국과 공조해야 하는 것이다.[192] 둘째 이에 따라 독일 연방금융감독당국(BaFin)과 다른 회원국의 감독당국은 관련된 모든 필수정보를 서로 교환해야 하며, 필수적인 정보인 이상 다른 회원국 감독당국의 요청이 없어도 제공할 수 있다.[193] 여기서 필수적인 정보라 함은 당해 은행의 재무상태를 평가하는데 영향을 줄 수 있는 모든 정보를 의미하여 특히 다음과 같은 사항이 포함된다.[194] ① 은행이 그룹에 소속된 경우 그룹에 소속된 모든 주요 은행 및 금융투자회사를 포함한 그룹조직과 해당 은행의 감독당국 ② 은행으로부터의 정보수집절차 및 그 정보의 확약 ③ 은행에 심각한 영향을 줄 수 있는 당해 은행 또는 그룹 내의 다른 회사의 부정적인 개발 ④ 독일 연방금융감독당국(BaFin)이 법규정에 의하여 부과한 주요한 제재 또는 비상적인 감독상의 조치에 관한 정보가 그것이다. 셋째 독일 연방금융감독당국(BaFin)은 ① 은행책임자의 신뢰성요건 및 전문성요건의 평가에 필요한 모든 정보 ② 독일에 주소를 둔 그룹 내 다른 회사에 10% 이상의 지분권을 보유한 자의 신뢰성요건의 평가에 필요한 모든 정보 ③ 다른 회원국에서 은행업을 개시하거나 금융서비스를 제공할 의도를 가진 회사에 대한 현재 진행 중인 감독에 관하여 필요한 모든 정보를 다른 회원국의 감독당국에게 제공해야 한다.[195] 넷째 다른 회원국이 독일 연방금융감독당국(BaFin)에게 법규정에 따라 공조를 요청한 것이라면 독일 연방금융감독당국(BaFin) 역시 법규정에서 부여된 모든 권한을 행사하여 적극적으로 공조해야 하는 것이

192) German Banking Law §8.(3).sentence 2.
193) German Banking Law §8.(3).sentence 3 & 4.
194) German Banking Law §8.(3).sentence 5 & 6.
195) German Banking Law §8.(3).sentence 7.

다.[196] 그러나 다음의 경우 독일 연방금융감독당국(BaFin)은 공조를 거부할 수 있다.[197] 즉 공조가 독일의 주권, 국가안전보장 또는 공공의 질서를 훼손하는 경우와 동일한 사안의 동일한 자에 대하여 사법적 심사절차가 이미 개시되었거나 더 이상 상소할 수 없는 결정이 내려진 경우가 그것이다. 다만 후자의 경우 독일 연방금융감독당국(BaFin)은 사법적 심사절차 또는 더 이상 상소할 수 없는 결정에 관하여 상세한 정보를 제공해야 한다.[198] 다섯째 독일 연방금융감독당국(BaFin)이 외국의 감독당국과의 공조로부터 취득한 정보는 다음에 경우에만 사용된다.[199] ① 은행업의 인가를 증명하기 위하여 ② 은행 단독 또는 통합규제 및 감독을 목적으로 은행업무를 감독하기 위하여 ③ 독일 연방금융감독당국(BaFin)의 의하여 제정된 규정과 기소 및 행정규정의 위반으로 인한 제재와 관련해서 ④ 독일 연방금융감독당국(BaFin)의 결정에 대한 법적인 구제조치에 관한 행정심판절차와 관련해서 ⑤ 형사사건이나 행정사건에 관하여 재판 관할권을 가진 행정법원, 파산법원, 검찰청 또는 일반법원의 절차와 관련해서만 사용될 것을 요구하고 있다. 여섯째 독일 연방금융감독당국(BaFin)은 주주의 변경, 은행의 지배구조 또는 경영조직의 변경과 주요한 제재나 비상적인 감독조치와 관련하여 결정을 내릴 때에는 사전에 관련 회원국의 감독당국과 정기적인 협의를 하는 것이 원칙이다.[200] 그러나 위험의 발생이 임박하거나 감독상 조치의 효율성을 훼손할 염려가 있다면 독일 연방금융감독당국(BaFin)은 사전 협의를 하지 않을 수 있다.[201] 다만 이 경우에도 독일 연방금융감독당국(BaFin)은 즉시 그 사실을 관련 회원국의 감독당국에게 통지해야 한다.[202] 일곱째 은행, 보험과 금융투자회사를 포함하고 있는 금융그룹에 대한 보완규제 및 감

196) German Banking Law §8.(3a).sentence 1 & 2.
197) German Banking Law §8.(3a).sentence 3.
198) German Banking Law §8.(3a).sentence 4.
199) German Banking Law §8.(5).
200) German Banking Law §8.(6).sentence 1.
201) German Banking Law §8.(6).sentence 2.
202) German Banking Law §8.(6).sentence 3.

독에 관한 EU지침에 따라 금융그룹의 존재한다는 사실과 이에 대한 감독여부를 결정하기 위해 독일 연방금융감독당국(BaFin) 및 독일 중앙은행(DB)은 관련 회원국의 감독당국과 공조해야 한다.[203] 이에 따라 공조에 의하여 취득한 정보를 이용할 수 있는 범위에 관한 기술한 다섯째 ①-⑤의 규정이 변형되어 적용된다.[204] 이와 같은 보완규제 및 감독과 관련해서는 EU지침에 따라 1명의 조정자를 독일 연방금융감독당국(BaFin)과 관련 회원국의 감독당국이 공동으로 지명하도록 되어 있다.[205] 여덟째 독일 연방금융감독당국(BaFin)은 은행이 소속된 그룹이나 은행을 자회사로 지배하는 금융지주회사에 대하여 자신이 통합해서 감독한다면 적절하지 못하다고 판단되면 관련 회원국의 감독당국에게 위임할 수 있다.[206] 위임한 후에는 독일 연방금융감독당국(BaFin)은 유럽공동위원회(Commission of European Communities)에게 이와 같은 위임계약의 내용을 통지해야 한다.[207] 아홉째 기술한 바와 같이 은행업의 인가를 신청한 자가 독일 이외의 회원국에서 인가를 받은 자의 자회사나 제휴회사 또는 이들 자회사나 제휴회사를 지배하는 자에 의하여 지배를 받고 있는 경우라면 독일 연방금융감독당국(BaFin)은 은행업의 인가를 주기 전에 관련 회원국의 감독당국과 협의를 해야 한다.[208] 이때의 협의

---

203) German Banking Law §8b.(1).sentence 1.

204) Id.

205) German Banking Law §8b.(2).sentence 1. 만약 보완규제 및 감독의 조정자로서 독일 연방금융감독당국(BaFin)이 지명된다면 그 책임업무에는 해당 금융그룹의 (1) 관련 필수적인 정보의 수집 및 배포에 관한 조정, (2) 재무상태의 평가 및 감독, (3) 자본적정성, 위험집중 및 내부거래에 관한 규정의 준수 여부 평가 (4) 해당 금융그룹의 조직, 지배구조 및 내부통제장치에 관한 평가 (5) 현재 진행 중인 감독뿐만 아니라 비상적인 상황에서 감독업무의 계획 및 조정 (6) 기타 업무가 포함된다. German Banking Law §8b.(2).sentence 2.

206) German Banking Law §8c.(1).sentence 1. 또한 금융그룹이 독일 이외의 다른 회원국에 주소를 둔 금융그룹의 자회사이면서 EU지침에 의한 보완규제 및 감독의 대상인 경우에도 독일 연방금융감독당국(BaFin)은 그 감독을 포기할 수 있다. German Banking Law §8d.(1).

207) German Banking Law §8c.(1).sentence 4.

208) German Banking Law §33b.sentence 1.

에는 특히 은행책임자의 신뢰성요건 및 전문성요건의 평가에 필요한 정보와 10% 이상의 지분권을 보유한 자의 신뢰성요건을 평가하는데 필요한 정보가 포함되어야 함은 기술한 바와 같다.[209] 열 번째 독일 외부에 주소를 두고 있는 자이나 독일 연방금융감독당국(BaFin)의 통합규제의 대상이 된 경우 독일 연방금융감독당국(BaFin)이 요청이 있다면 해당 회원국의 감독당국은 독일 연방금융감독당국(BaFin)으로 하여금 임점검사를 실시할 수 있도록 허용해야 하며 특히 통합규제에 따라 제출된 데이터의 정확성에 대한 확약이 포함된다.[210] 열한 번째 은행 등에 대해 20% 이상의 지분권을 보유한 자가 주소를 둔 회원국의 감독당국이 요청한다면 독일 연방금융감독당국(BaFin)은 해당 데이터의 정확성 여부에 대하여 확약을 주거나 당해 회원국의 감독당국으로 하여금 외부감사나 전문가를 통해서 그와 같은 데이터를 확약할 수 있도록 해야 한다.[211] 다만 非회원국의 경우에는 독일 연방금융감독당국(BaFin)의 재량에 따라 기술한 회원국과 동일한 절차를 적용할 수도 있다.[212] 열두 번째 독일 연방금융감독당국(BaFin)은 유럽공동위원회와 보고나 협의와 같은 방식으로 주로 공조하고 있다.[213] 먼저 보고의 방법으로 공조하는 것으로는 다음과 같다.[214] ① 은행업의 인가 ② 非회원국에 주소를 둔 자의 자회사에 대한 은행업의 인가와 그 그룹의 구조 ③ 독일 연방금융감독당국(BaFin)이 관련 회원국의 감독당국에게 해당 정보의 전달이 실패한 결과 독일 이외의 회원국에서 지점설치가 무산된 경우 그 숫자와 특이사항 ④ 은행의 주된 감독당국인 독일 이외의 회원국이 아무런 조치를 취하지 않거나 제재조치를 취한 경우에도 충분하지 못한 경우 및 비상 시

209) German Banking Law §33b.sentence 2.

210) German Banking Law §44.(3).sentence 1. 자회사가 독일 외부에 주소를 두고 있는 경우에도 동일하다. German Banking Law §44.(3).sentence 2.

211) German Banking Law §44a.(2).sentence 1.

212) Id.

213) German Banking Law §53e.

214) German Banking Law §53e.(1) & (2).

독일 연방금융감독당국(BaFin)이 제재조치를 취한 경우 그 숫자와 특이사항 ⑤ 非회원국에서 은행업 등을 하기 어려운 일반적인 사항 ⑥ 非회원국에 주소를 둔 자의 자회사가 은행업의 인가를 신청한 경우 그 신청서 ⑦ 금융그룹의 분류에 관한 통지 ⑧ 그룹내부거래 및 위험집중의 감독에 관하여 다른 회원국의 감독당국과 체결한 계약에 따라 적용하는 독일 연방금융감독당국(BaFin)의 원칙 ⑨ 금융지주회사나 복합금융지주회사의 적절한 감독에 대하여 독일 연방금융감독당국(BaFin)이 선택한 방법이 그것이다. 다음으로 독일 연방금융감독당국(BaFin)은 유럽공동위원회와 협의의 방법으로 공조하고 있다.[215] 즉 독일에 주소를 둔 은행 등이 非회원국에 주소를 둔 은행 또는 금융지주회사의 자회사인 경우와 독일에서 은행업 등을 제공하는 금융그룹이 非회원국에 주소를 둔 금융그룹 또는 복합금융지주회사의 자회사인 경우 독일 연방금융감독당국(BaFin)은 미리 유럽공동위원회와 협의를 해야 하는 것이다.

2. 프랑스 은행업규제의 주요내용

2.1. 개 념

프랑스법제상 은행업이라 함은 일반대중으로부터 자금을 수취하여 대출하고 은행결제서비스[216]의 제공을 포함하는 개념으로 다음과 같은

215) German Banking Law §53e.(3).

216) 다만 은행결제서비스에는 중개기능을 하는 것이 아니라 구매한 물품이나 서비스가 배달된 경우와 같이 전화나 디지털 또는 기타 IT수단을 통하여 수행된 단순한 지급거래는 이에 포함되지 않는다. Code mon taire et financier (이하 Monetary and Financial Code라 함) §L.311-4-1. 또한 지주회사와 자회사간의 거래, 동일한 지주회사 내의 자회사간의 거래, 같은 그룹 내에서의 거래 역시 은행결제서비스 업무에서 제외된다. Monetary and Financial Code §L.311-4-2.

업무를 의미한다.[217] (1) 외환거래업무 (2) 금, 귀금속 및 주화와 관련된 거래업무 (3) 유가증권 및 금융상품에 대한 투자, 매매, 운용 및 보관에 관한 업무 (4) 자산운용과 관련된 자문업무 (5) 재무관리, 금융공학 및 법인의 설립과 발전을 촉진할 목적으로 의도된 모든 서비스와 관련된 업무 (6) 리스업무[218] (7) 법정의 결제서비스업무[219]가 그것이다. 다만 은행이 기술한 서비스 외에 투자서비스를 제공하려는 경우에도 프랑스 건전성감독기관(Autorité de Contrôle Prudentiel; French Prudential Supervisory Authority: ACP)으로부터 사전 인가를 받아야 한다.[220]

---

217) Monetary and Financial Code §§L.311-1 & L.311-2, L.511-5.제2문단 & L.511-9.제2문. 다만 프랑스법제에서도 신용기관이란 개념을 사용하고 있고 이 신용기관에는 은행 이외에도 금융회사와 특수목적의 금융회사도 포함되어 있으며(Monetary and Financial Code §L.511-9.제1문단), 이들도 은행업을 할 수 있는 것이다. Monetary and Financial Code §§L.511-1 & L.511-9.제1문단. 그러나 은행 이외의 신용기관은 요구불예금이나 2년 미만의 단기 예금을 일반대중으로부터 수취할 수 없다는 점에서 차이가 있다. Monetary and Financial Code §L.511-9.제2문단. 참고로 하나 지적할 것은 금융회사(financial company)는 신용기관이고 금융기관(financial institution)은 신용기관이 아니라는 점이다. 여기서 금융기관이라 함은 신용기관으로 인가받지 않은 회사로서 다음의 영업을 주로 하는 경우를 말한다. 첫째 ① 외환거래업무 ② 유가증권 및 금융상품에 대한 투자, 매매, 운용 및 보관에 관한 업무 ③ 자산운용과 관련된 자문업 ④ 재무관리, 금융공학 및 법인의 설립과 발전을 촉진할 목적으로 의도된 모든 서비스와 관련된 업무 ⑤ 법정된 특정의 결제서비스업무를 1개 이상 영업하거나 둘째 주된 영업으로 은행업을 영위하고 있는 회사의 지분을 취득하거나 셋째 프랑스 이외의 회원국에 등록사무소를 두고 있는 회사를 위해 일반대중으로부터 자금을 수취하는 것을 제외한 은행거래업무를 주로 하는 회사를 의미한다. Monetary and Financial Code §L.511-21-4.

218) 여기서 리스업무에는 자본재 리스, 사업목적의 부동산 리스, 공작물 또는 무형자산과 관련된 리스 및 주식이나 조합지분 리스가 포함된다. Monetary and Financial Code §L.313-7.

219) 여기서 법정의 결제서비스업무라 함은 (1) 계좌이체서비스업무 (2) 현금인출서비스업무 (3) 결제계좌를 통한 자동이체, 신용카드의 결제 및 이체의 실행서비스업무 (4) 대출을 통한 자동이체, 신용카드의 결제 및 이체의 실행서비스업무 (5) 지불수단 및 지급지시서의 발행서비스업무 (6) 현금서비스업무 (7) 전화, 디지털 또는 IT수단으로 결제하는 경우 그 실행서비스업무를 의미한다. Monetary and Financial Code §L.314-1-Ⅱ.

220) Monetary and Financial Code §L.311-2.제2문단. 여기서 프랑스 건전성감독

2.2. 규제 및 감독의 원칙

프랑스법제상 은행업 및 금융투자업에 대한 규제 및 감독의 원칙을 명문으로 규정하고 있지는 않다. 그렇다고 하여 규제 및 감독의 원칙이 없는 것은 아닐 것이다. 특히 프랑스의 통합금융법률에 해당하는 Monetary and Financial Code에서 추론해 본다면 개별 금융기관의 건전성을 통하여 프랑스 전체의 발전을 도모하는 것이라고 할 수 있을 것이다. 다만 이 법률에는 은행업 및 금융투자업에 대한 규제 외에도 통화[221]에 관한 규정과 유가증권법[222]에 관한 규정도 같이 두고 있다는 점은 특이하다.

2.3. 인가 및 취소 등

2.3.1. 인 가

프랑스법제상 은행업을 하려면 프랑스 건전성감독기관(ACP)로부터 다음 요건을 구비하여 사전에 인가를 받아야 한다.[223] (1) 프랑스 경제장관이 정한 최저자본금[224]을 보유해야 한다. (2) 장래 은행업을 영위할 주된 행정기구로서 등록사무소가 프랑스 내에 있어야 한다. (3) 은행업의 일반적인 정책을 효과적으로 결정할 책임자가 최소한 2명 이상이 있

기관(ACP)이라 함은 독립된 행정관청으로 건전성에 관한 사항이라면 은행업, 금융투자업(증권업포함) 및 보험업을 모두 감독한다. Monetary and Financial Code §L.612-1. 다만 프랑스 건전성감독기관(ACP)의 홈페이지에는 금융투자업(증권업포함)에 대한 감독여부에 대한 언급은 없고 은행업과 보험업을 감독한다고 되어 있다. ACPR, “Home 〉 ACPR 〉 About the ACPR,” at http://acpr.banque-france.fr/en/acpr/about-the-acpr.html (last visited Jan. 23, 2015). 그러나 기술한 바와 같이 ‘건전성’에 관한 감독이라면 프랑스 건전성감독기관(ACP)이 담당하기 때문에 금융투자업(증권업포함)도 이의 감독대상이 된다고 본다.

221) 예컨대 Monetary and Financial Code §§L.111-1-L.112-5 참조.

222) 예컨대 Monetary and Financial Code §§L.131-2-L.131-68 참조.

223) Monetary and Financial Code §§L.511-10, L.511-11, L.511-13 & L.511-40.

224) 현재 최저자본금은 5,000,000유로가 된다.

어야 하며 이 책임자는 사회적 평판이 양호해야 하고 전문성이 인정되어 한다. (4) 제3자에게 부담하는 채무를 효과적으로 변제할 수 있을 정도의 자산을 항상 유지해야 한다. (5) 은행업의 수행에 적합한 법적 형태를 구비해야 한다. (6) 영업계획, 기술 및 재정설비와 출자자가 적절해야 한다. 다만 프랑스 건전성감독기관(ACP)이 은행업의 인가를 줄 때 은행업을 신청하는 자의 개별적인 사유도 고려하고 있다.[225] 이와 같은 요건을 구비하여 은행업의 인가를 신청하면 프랑스 건전성감독기관(ACP)은 인가신청서를 받은 날로부터 12개월 내에 인가 여부를 결정하도록 되어 있다.[226] 또한 프랑스 건전성감독기관(ACP)이 은행업을 인가할 때에도 은행업의 신청자가 특정한 거래에만 한정하여 인가를 신청하였다면 이에 한정하여 은행업을 인가할 수도 있다.[227] 뿐만 아니라 프랑스 건전성감독기관(ACP)은 당해 은행의 재무구조의 균형과 은행시스템의 적절한 기능 및 법정의 추가적인 감독의 목적을 유지할 목적으로 은행업의 인가에 조건을 부과할 수도 있다.[228]

2.3.2. 취소 등

프랑스 건전성감독기관(ACP)은 다음과 같은 경우 은행업의 인가를 거부할 수 있다.[229] 즉 은행업의 인가신청자에 대한 감독기능이 (1) 당해 은행업의 인가신청자와 그 외의 자간의 직 · 간접의 지배관계가 존재함으로 인해 방해받을 우려가 있거나 (2) 유럽경제지역협정[230](European Economic Area Agreement: EEAA)에 속하지 않은 국가의 법령이 존재함으로 인해 감독기능이 방해받을 우려가 있거나 (3) 은행업의 인가요건

225) Monetary and Financial Code §L.511-10.제4문단.
226) Monetary and Financial Code §L.511-14.제1문단.
227) Monetary and Financial Code §L.511-10.제5문단.
228) Monetary and Financial Code §L.511-10.제6문단.
229) Monetary and Financial Code §L.511-10.제7문단 및 제8문단.
230) 이 협정으로 EU회원국가와 아이슬란드, 리히텐슈타인 및 노르웨이가 단일 시장으로 합치게 되었다. EFTA, "Home - European Economic Area - EEA Agreement," EFTA (2014), 〈http://www.efta.int/eea/eea-agreement〉 (last visited Sep. 25, 2014).

으로 은행의 등록된 주된 사무소에 최소한 2명 이상의 책임자가 있어야 하며 이 책임자는 사회적 평판이 양호해야 하고 전문성이 인정되어야 하는데 그렇지 않은 경우가 그것이다. 다만 은행업의 인가를 신청한 자가 非회원국에 속한 경우 프랑스 건전성감독기관(ACP)은 은행업의 인가 결정 자체를 보류할 수 있다.[231] 즉 첫째 회원국의 은행 또는 금융투자회사가 당해 非회원국에 접근할 수 없거나 둘째 당해 非회원국에 소재한 은행이 당해 非회원국의 은행에 비해서 차별대우를 받는 경우가 그것이다. 이와 같이 은행업의 인가결정이 유보되면 법적 효과가 발생하지 않는 것은 당연하다.[232] 그러나 다음의 경우는 은행업의 인가가 취소될 수 있다.[233] ㈎ 은행 자신이 은행업의 인가를 취소해 줄 것을 요청한 경우, ㈏ 당해 은행이 은행업 인가의 법정요건을 더 이상 이행하지 않는 경우, ㈐ 당해 은행이 자신의 은행업 인가를 12개월 동안 사용하지 않거나, ㈑ 당해 은행이 최소 6개월 동안 영업을 하지 않는 경우가 그것이다.

2.4. 재무건전성

프랑스법제상 은행은 최저자본금[234]으로 5,000,000유로를 유지해야 하며,[235] 제3자의 채무를 충분히 이행할 수 있는 자산을 항상 유지해야

231) Monetary and Financial Code §L.511-12.제1문단.
232) Monetary and Financial Code §L.511-12.제2문단.
233) Monetary and Financial Code §L.511-15.제1문단.
234) Monetary and Financial Code §L.511-11. 참고로 프랑스법제상 은행의 최저자본금은 프랑스 경제장관이 정한다. Id.
235) The World Bank, "Home 〉 Data & Research 〉 Research 〉 Bank Regulation and Supervision (updated 2012): 2007 database revised June 2008 (MS Excel file, 768kb)," The World Bank (2013) (이하 World Bank Survey라 함), 〈http://econ.worldbank.org/WBSITE/EXTERNAL/EXTDEC/EXTRESEARCH/0,,contentMDK:20345037~pagePK:64214825~piPK:64214943~theSitePK:469382,00.html〉 (last visited Sep. 25, 2014). 프랑스법제의 경우 최저자본금은 영업범위에 따라 다르다. 예컨대 예금을 수취하지 않는 경우에는 2,200,000유로면 된다. The World Bank, "Home 〉 Data & Research 〉 Global Financial Development Report 〉 GFDR 2013: Bank Regulation and Supervision Survey: Related Links: Dataset," The World Bank (2012) (이하 World Bank Dataset이라 함),

하고,[236] 이 자본금의 변동이 있으면 프랑스 건전성감독기관(ACP)에게 보고를 해서 승인을 받아야 한다.[237] 또한 프랑스법제상 은행은 당해 은행의 금융구조의 안정성뿐만 아니라 예금자 및 제3자를 위한 유동성과 지급여력을 보장할 수 있는 경영규칙을 마련하도록 되어 있다.[238] 다만 지급여력과 관련해서는 지급여력규정의 준수를 보장하기 위해 은행 자체 내부위험평가 절차가 프랑스 건전성감독기관(ACP)의 승인을 받아 사용될 수도 있다.[239]

한편 프랑스법제상 은행은 헷지비율 및 위험분산비율도 준수하도록 되어 있다.[240] 여기서 영업위험 및 수익성의 평가와 관련해서 은행은 적절한 내부회계시스템을 구축해야 하며 대량거래는 프랑스 건전성감독기관(ACP)에게 통지해야 한다.[241] 한편 非은행금융회사뿐만 아니라 非금융회사도 감독당국의 승인만 있다면 은행주식을 100%까지 취득할 수 있다.[242] 다만 은행지분의 1/20, 3/20, 1/10, 3/10, 1/5, 1/4, 1/3, 1/2, 2/3, 18/20 또는 19/20 이상을 취득하는 경우에 해당 은행에게 통지를 해야 하며 이 통지를 하지 않으며 초과된 주식에 대하여는 의결권을 행사할 수 없다.[243]

〈http://econ.worldbank.org/WBSITE/EXTERNAL/EXTDEC/EXTGLOBALFINREPORT/0,,contentMDK:23267421~pagePK:64168182~piPK:64168060~theSitePK:8816097,00.html〉 (last visited Sep. 25,2014). 특히 World Bank Survey, France 1.3.1 & World Bank Dataset, France 8-9 참조. 또한 프랑스 내에 소재한 외국은행의 자회사나 지점도 그 금액은 동일하다. World Bank Survey, France 1.3.2 & 1.3.3.

236) Monetary and Financial Code §L.511-40.제1문단. 다만 합병한 은행이 최저자본금요건을 충족하지 못하는 경우 프랑스 경제장관이 이에 관하여 별도로 정하도록 되어 있다. Monetary and Financial Code §L.511-40.제2문단.

237) Monetary and Financial Code §L.511-12-1.

238) Monetary and Financial Code §L.511-41.제1문단.

239) Monetary and Financial Code §L.511-41.제3문단.

240) Monetary and Financial Code §L.511-41.제2문단.

241) Monetary and Financial Code §L.511-41.제4문단.

242) World Bank Survey, France 2.3.2 & 2.5.

243) Monetary and Financial Code §L.451-2.

2.5. 지배구조

2.5.1. 지배구조의 형태 및 이사회의 의장과 최고경영자의 겸직 여부

프랑스법제상 은행을 포함한 상장회사는 이사회라는 단일체제를 선택하든지 감독위원회와 경영위원회라는 이중체제를 선택할 수 있다.[244] 또한 이사회의 체제를 선택한 경우에도 이사회의 의장과 최고경영자(CEO)의 겸직 여부도 해당 은행이 선택하게 된다.[245] 다만 해당 은행이 이사회의 의장과 CEO의 분리를 선택하는 경우 이사회의 의장에게 부여된 직무는 적시될 것을 요구하고 있다.[246]

2.5.2. 이사회와 각종 위원회

2.5.2.1. 일 반

프랑스법제상 은행의 이사는 해당 은행에 대하여 독립된 이사일 것을 요구하고 있다.[247] 특히 은행의 이사회는 특별한 목적의 보상위원회를 설치해야 하며 이 보상위원회는 당해 은행의 위험정책을 포함해서 보상에 관하여 당해 은행의 정책 및 실무를 분석할 능력이 있는 위원으로 주로 구성된다.[248] 이렇게 구성된 보상위원회는 당해 은행의 보상정책의 원칙 등을 검토하여 그 이사회에 보고를 하도록 되어 있다.[249]

2.5.2.2. 이사회의 구성 및 이사의 요건

이사는 주주총회에서 선임되며 은행자본의 3%를 초과한 주식을 보유하고 있는 해당 은행의 근로자인 주주가 있는 경우 이를 대표하는 이사도 1명 이상이 선임된다.[250] 이렇게 해서 선임된 이사는 최장 4년 간의 임기로 활동하며 그 교체는 일률적으로 하지 않고 기간을 달리해서

244) Corporate Governance Code of Listed Corporations (이하 French Corporate Governance Code라 함) §3.1.제1문단.
245) French Corporate Governance Code §3.1.제2문단.
246) Id.
247) Monetary and Financial Code §L.511-41-1 A.제1문단.
248) Monetary and Financial Code §L.511-41-1 A.제2문단.
249) Monetary and Financial Code §L.511-41-1 A.제4문단.
250) French Corporate Governance Code §§5.1 & 7.1.

교체하고 있다.[251] 또한 이사 중 상임이사는 2개 이상의 상장회사의 이사를 겸직할 수 없으며 非상임이사는 4개 이상의 상장회사의 이사를 겸직할 수 없도록 되어 있다.[252] 또한 이사 중에 여성의 비율이 2016년까지 최소한 40%가 되어야 하며 이사의 수가 9명 미만인 경우 이사의 성별차이는 2명을 초과할 수 없게 된다.[253] 뿐만 아니라 이사는 당해 은행에 대하여 독립성이 유지되어야 하며 은행이 상장회사인 경우 1/2 이상이 독립된 이사로 구성되어야 하고 만약 은행이 지배를 받고 있다면 1/3 이상이 독립된 이사로 구성되어야 한다.[254]

프랑스법제상 은행이사는 (1) 당해 은행의 이익을 최우선으로 해야 하며 (2) 자신의 경험을 기초로 해서 중요한 판단을 할 수 있어야 하며 (3) 각종 위험 및 전략적인 사안을 파악할 수 있는 능력이 있어야 하며 (4) 윤리적으로 정직하고 이사회에 정기적으로 참여하여 적극적으로 활동해야 하고 (5) 당해 은행에 대하여 독립성이 유지될 것이 요구된다.[255]

이외에도 은행에 대하여 이사의 독립성이 강하게 요구되고 있다.[256] 즉 이사의 다른 요건이 충족되더라도 독립성 요건이 충족되지 못하면 이사로서의 결격사유가 될 수 있으며 반대로 이사의 다른 요건이 미비하더라도 독립성 요건이 충족된다면 이사로 선임될 수 있다는 규정을 두고 있기 때문이다.[257] 이사의 독립성 요건이 충족되었는지는 당해 은행의 선임 또는 지명위원회의 토론을 거쳐 당해 은행의 이사회가 이를 심사하게 되는데 그 독립성 요건의 구체적인 기준은 다음과 같다.[258] 첫

251) French Corporate Governance Code §14.제1문단과 제2문단.

252) French Corporate Governance Code §19.제2문단과 제3문단. 다만 은행의 근로자가 해당 은행의 상임이사로 선임되면 기존의 근로계약은 종료될 수 있다. French Corporate Governance Code §22.제1문단.

253) French Corporate Governance Code §6.4.

254) French Corporate Governance Code §9.2.제2문단.

255) French Corporate Governance Code §6.1 &

256) French Corporate Governance Code §9.3.제3문단과 제4문단.

257) 그러나 이와 같은 프랑스법제는 이사의 독립성 요건으로 인하여 이사의 다른 요건의 의미가 반감될 수 있다는 의문을 제기할 수 있을 것이다.

258) French Corporate Governance Code §§9.3.제1문단 & 9.4제1문단.

째 당해 은행이나 그 모회사의 근로자 또는 상임이사가 아니며 과거 5년 동안 이와 같은 직위에 있지 않아야 하고 둘째 은행의 법인이사인 경우 이 법인의 상임이사가 아니며 과거 5년 동안 이와 같은 직위에 있지 않아야 하며 셋째 일정한 경우[259] 당해 은행의 고객, 당해 은행에 대하여 물품의 공급업자, 투자은행 또는 상업은행이 아니어야 하는 것이다. 프랑스법제상 독립된 이사는 업무를 집행하지 않는 것이 원칙이나,[260] 상임이사라 할지라도 당해 은행이 해당 상임이사가 기술한 세 가지 요건을 충족한다고 선언해 주면 당해 은행의 이사회의 의장이 이 상임이사를 독립된 이사로 간주할 수 있다.[261] 또한 은행의 주요주주를 대표하는 이사라 할지라도 이들 주요주주가 당해 은행의 지배에 참여하지 않는 조건이라면 독립성이 인정될 수 있다.[262]

2.5.2.3. **위원회의 구성 및 위원의 요건**

은행의 각종 위원회는 이사회가 이사 중에서 위원으로 선임함으로서 구성하기 때문에 위원도 이사의 요건을 구비해야 함은 당연하나,[263] 위원간의 겸직은 금지된다.[264] 다만 각종 위원회의 위원은 해당 위원회의 특성이 반영된 요건이 추가되며 특히 그 독립성이 강조되어 있다. 은행의 각종 위원회 중 회계위원회와 이사선임 또는 지명위원회는 반드시 설치되어야 한다.[265]

먼저 회계위원회의 위원은 금융이나 회계전문가이어야 하며 동 위원회의 2/3 이상이 독립된 이사로 구성되어야 한다.[266] 다음으로 이사

259) 여기서 일정한 경우라 함은 당해 은행과 중요한 관계가 있거나 당해 은행의 중요한 사업을 위해서 필요한 고객, 공급업자, 투자은행이나 상업은행인 경우를 의미한다. French Corporate Governance Code §9.4.제1문단.
260) French Corporate Governance Code §9.1.
261) French Corporate Governance Code §9.4.제3문단.
262) French Corporate Governance Code §9.5.
263) French Corporate Governance Code §15.제1문단.
264) French Corporate Governance Code §15.제7문단.
265) French Corporate Governance Code §§16 & 17.
266) French Corporate Governance Code §16.1.

선임 또는 지명위원회는 보상위원회와 별도로 운영될 수도 있으며 만약 별도로 운영된다면 이사선임 또는 지명위원회는 보상위원회의 규정을 적용할 수 있다.[267] 다만 이사회의 의장과 최고경영자(CEO)가 분리되어 있다면 이사회의 의장이 이사선임 또는 지명위원회의 위원이 될 수 있다.[268] 끝으로 보상위원회는 상임이사가 아닌 자로서 독립된 이사가 과반수 이상으로 구성되며 보상위원회의 장은 독립된 이사가 된다.[269]

2.5.3. 감 사

한편 은행은 최소한 2명 이상의 감사를 선임하는 것이 원칙이다.[270] 이렇게 선임된 감사는 해당 은행의 회계감사를 실시한 후 주주총회에 보고를 해야 하며 만약 주주총회가 개최되지 않은 경우라면 특별보고서를 작성하여 해당 이사회의 승인을 받도록 되어 있다.[271]

2.5.4. 내부통제장치 등

프랑스법제상 은행의 경우 내부통제장치에 대하여는 개괄적으로만 언급되어 있다. 즉 은행은 회계감사와 위험관리시스템의 효율성에 관하여 자신의 경영, 관리 및 감독기구에 보고하기 위한 절차가 필요하고 이 절차는 프랑스경제장관의 명령에 의하여 결정되는데,[272] 여기에는 내부통제의 효율성에 관한 절차도 포함된다는 점이다. 또한 준법감시기능은 내부통제장치 연차보고서와 임점검사를 통하여 주로 이루어진다.[273]

2.5.5. 임점검사

프랑스에 주소를 두고 있는 은행 및 그 지점은 감독상 필요한 모든

---

267) French Corporate Governance Code §17.1.

268) Id. 그러나 이 경우에도 이사회의 의장이 이사선임 또는 지명위원회의 위원장이 될 수 없는 것이 원칙이다. French Corporate Governance Code §17.2.2.

269) French Corporate Governance Code §18.1.

270) Monetary and Financial Code §L.511-38.제1문단.

271) Monetary and Financial Code §L.511-39.제2문단.

272) Monetary and Financial Code §L.511-41.제6문단.

273) International Monetary Fund, 「IMF Country Report No. 13/180; France: Financial Sector Assessment Program—Detailed Assessment of Observance of Basel Core Principles for Effective Banking Supervision」 61 (June, 2013).

정보를 포함하여 프랑스 건전성감독기관(ACP) 또는 이의 위임받은 자에 의하여 임점검사를 받게 된다.[274] 뿐만 아니라 프랑스법제상 은행은 자신들을 대표할 연합체를 구성해야 하는데 이렇게 구성된 은행의 연합체에 의하여 또 다시 임점검사를 받게 된다.[275] 물론 은행 연합체의 의한 임점검사는 프랑스 건전성감독기관(ACP)의 감독권한을 침해하지 않는 범위 내에서만 허용된다.[276]

한편 외국에서 은행업의 인가를 받은 은행이나 지점이 프랑스 내에 있는 경우 외국의 감독기관이 프랑스 내에 있는 당해 은행이나 지점에 대하여 임점검사를 요청할 수 있다. 이 경우 프랑스 건전성감독기관(ACP)은 자신이 직접 임점검사를 하든지 아니면 임점검사를 요청한 당해 외국 감독기관이 직접 임점검사를 하든지 이것도 아니면 법정감사나 전문가로 하여금 임점검사를 실시하게 할 수 있다.[277] 그러나 외국 감독기관의 요청을 받았다고 해서 프랑스 건전성감독기관(ACP)이 무조건 임점검사를 실시해야 하는 것은 아니며 (1) 요청된 임점검사가 프랑스의 주권, 국가안전보장 또는 공공질서를 침해할 우려가 있거나 (2) 동일한 사실 및 사람에 대하여 프랑스 내에서 이미 형사재판이 개시되었거나 (3) 이미 최종결정이 내려진 경우에는 임점검사의 요청을 거부할 수도 있다.[278]

2.6. 정보공개

프랑스법제상 은행은 예금계정과 관련된 거래에 대하여 적용될 일반적인 조건 등을 해당 고객에게 통지해야 하고 일반대중에게도 공시해야 한다.[279] 뿐만 아니라 은행은 연차회계보고서를 일반대중에게 공개해야 하며 만약 정확하지 못하거나 누락된 부분이 있다면 프랑스 건전성

274) Monetary and Financial Code §L.511-25.
275) Monetary and Financial Code §L.511-31.제4문단.
276) Monetary and Financial Code §L.511-32.제1문단.
277) Monetary and Financial Code §L.632-2.제2문단.
278) Monetary and Financial Code §L.632-5.제1문단.
279) Monetary and Financial Code §L.312-1-1.제1문단.

감독기관(ACP)으로부터 보완명령을 받게 된다.280) 은행이 단기금융시장 상품이 아니면서 액면가가 1,000유로 이하이고 만기가 12개월 이하인 지분증권이나 채무증권을 발행하는 경우에는 연차재정보고서를 발행하여 일반대중이 5년간 이용할 수 있도록 해야 하며 프랑스 금융시장감독기관(Autorité des Marchés de Financiers; Financial Markets Authority: AMF)에게도 제출해야 한다.281) 이때 5년 동안 일반대중이 이용할 수 있는 연차재정보고서에는 연차회계보고서, 경영보고서, 관련 서류의 책임자 진술서, 이와 관련된 감사보고서 등이 포함된다.282) 다만 액면가가 50,000유로 이상이면서 부채증권 이외의 금융상품 또는 단기금융시장 상품을 발행하는 경우 연차회계보고서를 일반대중에게 공표를 해야 하고 공표한 모든 내용이 포함된 서류를 프랑스 금융시장감독기관(AMF)에게 제출하도록 되어 있다.283) 끝으로 은행업이 취소된 경우에도 그 사실은 일반대중에게 공개된다.284)

2.7. 규제 및 감독의 공조

프랑스법제상 프랑스 건전성감독기관(ACP)은 프랑스 중앙은행(Banque de France; Central Bank of France; BF), 프랑스 금융시장감독기관(AMF)과 공조하는 것을 원칙으로 하고 있고 이에 따라 개별 감독기관은 업무수행과 관련된 정보를 다른 감독기관에게 전송하게 되는 것이다.285) 이와 함께 최고 법정감사위원회(High Council of the Order of Statutory Auditors)도 업무수행과 관련된 정보를 기술한 기관들에게 전송할 수 있다.286) 다만 해당 정보를 교환하기 위해서 당해 정보를 제공한 감독기관

280) Monetary and Financial Code §L.511-37.제1문단과 제2문단.
281) Monetary and Financial Code §L.451-1-2.제1문단과 제2문단.
282) Monetary and Financial Code §L.451-1-2.제2문단.
283) Monetary and Financial Code §L.451-1-1.
284) Monetary and Financial Code §L.511-18-1.
285) Monetary and Financial Code §L.631-1-Ⅰ.제1문단.
286) Monetary and Financial Code §L.631-1-Ⅰ.제2문단.

의 동의가 있는 경우에만 가능하다.[287] 따라서 감독기관 자신의 정보를 전송만하는 것과 다른 감독기관과 정보를 교환하는 것은 차이가 있는 것이다.

한편 회원국에서 은행업의 인가를 받은 은행이 프랑스 내에서 금융투자서비스도 제공하고 있는 경우 이 은행에 대하여는 회원국 감독당국에 의한 임점검사가 가능하다.[288] 이때 임점검사에서 발견된 사실은 프랑스 금융시장감독기관(AMF)에게 통지되어야 하고 이 통지를 받은 프랑스 금융시장감독기관(AMF)은 프랑스 건전성감독기관(ACP)에게 그 내용을 통지해야 하고 또한 당해 회원국의 감독당국으로부터 요청받은 정보의 확약에 대하여도 프랑스 건전성감독기관(ACP)과 금융시장감독기관(AMF)이 공동으로 하게 함으로서 회원국 감독당국과 프랑스의 감독기관들이 공조하도록 유도하고 있다.[289] 뿐만 아니라 프랑스 건전성감독기관(ACP)은 유럽경제지역 전체의 금융안정을 고려해야 하며 이를 위해 외국의 감독당국과 공조하는 것을 원칙으로 하고 있다.[290]

3. 은행업규제와 관련된 시사점

3.1. 개념과 관련된 시사점

우리 은행법상 은행업이라 함은 예금을 받거나 유가증권 또는 그 밖의 채무증서를 발행하여 불특정 다수인으로부터 채무를 부담함으로써 조달한 자금을 대출하는 것을 업(業)으로 하는 것을 의미한다.[291] 이런 의미에서는 독일 및 프랑스법제상 은행업의 개념과 다르지 않다. 다만

287) Monetary and Financial Code §L.631-1-Ⅲ.제3문단.
288) Monetary and Financial Code §L.532-19.제2문단.
289) Monetary and Financial Code §L.532-19.제2문단과 제3문단.
290) Monetary and Financial Code §L.612-1-Ⅲ.
291) 은행법 제2조 제1항 제1호.

우리의 경우 전자화폐를 취급하려면 이를 취급하려는 금융기관에 따라 그 절차가 다른데 즉 은행의 경우에는 인가사항[292] 내지는 신고사항[293]이 되나 은행 이외의 금융기관의 경우에는 허가사항이 되는 것이다.[294] 독일도 전자화폐를 규정하고 있으나 우리와 같은 승인절차의 차이를 규정하고 있지는 않다. 전자화폐라는 점에서는 동일한데 이를 취급하는 금융기관이 은행인가 은행 이외의 금융기관인가에 따라 그 승인절차를 달리 하는 것은 규제차익의 위험이 있다고 판단된다. 더욱이 우리만 전자화폐를 금융기관에 따라 승인절차를 달리하는 것은 당장 독일 및 프랑스에만 비교해 보더라도 사실상 추가되는 제한이 될 수도 있는 것이다. 이들과의 경쟁에서 우리 스스로 불리한 제한을 둘 필요가 있을지 의문이다. 이에 대하여는 재검토가 필요하다고 본다.

3.2. 규제 및 감독의 원칙과 관련된 시사점

우리 은행법 역시 독일 및 프랑스법제와 동일하게 은행업의 규제 및 감독의 원칙을 명문으로 규정하고 있지 않다. 그러나 명문규정은 없어도 우리 역시 독일 및 프랑스와 동일하게 개별 은행의 건전성을 기초로 은행시스템 전체 안전성을 확보하여 국민경제 전체에 이바지하는 것이 규제 및 감독의 원칙일 것이다.[295] 그러나 하나 지적할 것은 명문규정의 존재여부에 따라 은행업의 규제 및 감독의 원칙이 달라지는 것은 아니겠지만 은행업의 규제 및 감독의 원칙에 대한 명문규정이 없음으로 해서 시장참여자에게는 감독당국의 규제 및 감독의 원칙이 명확하지 못하는 것으로 비춰질 수 있고 이는 예측할 수 없는 감독당국의 규제 및 감독의 원칙을 알아내기 위하여 시장참여자의 불필요한 비용의 추가지출로 이어 질 수도 있다. 만약 이와 같은 불필요한 추가비용이 발생한

292) 은행법 제8조.
293) 은행법 제27조의2 제2항 및 제28조 제2항.
294) 전자금융거래법 제28조 제1항. 현재 우리나라에서는 전자화폐에 관하여는 전자금융거래법에 규정되어 있다. 전자금융거래법 제2조 제15호.
295) 예컨대 은행법 제1조와 제52조 제4항 참조.

다면 우리 은행업의 대외경쟁력에는 부정적인 영향을 줄 것으로 판단된다. 이런 이유로 은행업의 규제 및 감독의 원칙을 명문으로 규정하는 것도 고려해 볼 만하다고 판단된다.

3.3. 인가 및 취소와 관련된 시사점

우리 은행법상 은행업을 하려는 자는 (1) 최저자본금이 1,000억이나 250억 이상 되어야 하고 (2) 은행업의 경영에 소요되는 자금조달방안이 적정해야 하며 (3) 동일인과 非금융주력자 등에 관한 법정요건을 충족한 주주구성계획이어야 하고 (4) 대주주는 출자능력이 충분하고 재무상태가 건전하고 사회적 신용을 구비해야 하며 (5) 당해 은행업의 사업계획이 타당하고 건전해야 하고 (6) 개인인 경우 발기인 및 임원에게 결격사유가 없어야 하며 (7) 은행업의 경영에 충분한 물적 및 인적 설비 등을 구비하여 금융위원회의 인가를 받아야 한다.[296] 이와 같이 은행업의 인가에 필요한 요건에 대하여 우리와 독일 및 프랑스 간에는 큰 차이가 없는 것으로 판단되나, 다만 다음과 같은 점에서는 다르다. 첫째 독일 및 프랑스는 최저자본금으로 5,000,000유로가 필요하나 우리는 전국적으로 영업을 하게 되면 1,000억이 필요하고 지방은행의 경우는 250억이 최저자본금이 되어 1유로를 1,500원으로 환산하더라도 3.3배에서 13.3배 이상 우리나라의 최저자본금이 아주 높게 규정되어 있다. 물론 최저자본금이 전혀 무익하다고는 할 수 없지만 세계적인 추세를 반영할 필요는 있을 것이다. 최근 미국발 금융위기로 전 세계가 금융위기를 겪으면서 최저자본금의 많고 적음은 이 위기에서 아무런 방패막이 될 수 없다는 것이 드러났다. 그렇다면 우리만의 과다한 최저자본금의 규제가 과연 어떤 의미가 있을지 의문이기 때문에 외국의 추세를 반영할 필요가 있다고 본다. 우리 스스로 발목을 묶어 둘 필요는 없을 것이다. 둘째 독일은 주요 지분권자에게 신뢰성을 요구하고 있으나 우리는

296) 은행법 제8조 제1항 및 제2항.

주요 지분권자라는 용어는 없고 대신에 대주주가 이와 유사하다고 판단된다. 그 이유는 독일의 주요 지분권자나 우리의 대주주는 그 보유비율이 10% 이상이라는 점에서 동일하며 또한 당해 은행경영에 사실상 영향을 주는 자이기 때문이다. 다만 독일은 주요 지분권자에게 '신뢰성'을 요구하고 우리 대주주에게는 출자능력의 양호 및 건전한 재무상태 외에 '사회적 신용'을 요구하고 있으나 신뢰성이나 사회적 신용이라는 개념이 명확하지 못하다고 본다. 이는 감독당국의 자의적인 해석에 따라 그 의미가 달라질 수도 있기 때문에 시장참여자에게는 예측가능성을 제한할 위험이 항상 내재되어 있다. 따라서 이 용어를 보다 명확하게 규정할 필요가 있을 것이다. 셋째 은행업의 인가를 신청한 후 독일 및 프랑스는 각각 6개월 또는 12개월 이내에 그 인가 여부를 결정하도록 되어 있으며 우리도 은행'법률'에는 이런 규정을 두고 있지 않지만 대신 은행업감독규정에 3개월 이내 또는 예비인가를 받은 경우에는 1개월 이내에 그 인가 여부를 결정하도록 규정되어 있다.[297] 인가 여부를 결정하는 기간을 규정하고 있다는 점에서는 우리와 독일 및 프랑스는 차이가 없지만 법률이 아니라 하위규정에 두고 있다는 것은 국회에서 정하는 법률이 아니라는 점에서 법적 안정성 또는 예측가능성을 침해할 수 있다고 본다. 따라서 하위규정인 은행업감독규정에 규정하기 보다는 이를 법률에 규정하여 시장참여자에게 예견가능성이라는 신호를 명확하게 줄 필요가 있다고 본다. 이에 대하여 재검토가 필요하다고 생각된다. 끝으로 우리 은행법은 예비인가라는 제도를 두고 있으나 독일 및 프랑스는 이와 같은 제도는 없다. 여기서 예비인가라 함은 본인가에 앞서하는 은행업의 인가를 의미하며 사실상 인가와 동일한 과정을 거치게 된다.[298] 우리 은행법은 예비인가를 줄 때 '본인가 요건을 모두 충족할 수 있는지를 확인'하여 결정한다고 규정하고 있

297) 은행업감독규정 제5조 제5항.

298) 은행업의 예비인가에 대하여 우리법제는 은행법 제11조의2 제5항에서 동법 제8조 제3항과 제11조를 준용하고 있다.

다.[299] 우리 은행법이 예비인가를 둔 목적이야 있겠지만 어떻게 예비인가의 단계에서 본인가 요건을 모두 충족할 수 있는지를 확인할 수 있는지 의문이 든다. 이로 인해 감독당국은 자의적인 해석을 할 수 있는 것이고 결과적으로 시장참여자에게 예측가능성을 줄 수 없다는 점에서 문제가 있다고 본다. 이에 대하여 재검토가 필요할 것이다.

3.4. 재무건전성과 관련된 시사점

독일 및 프랑스의 은행업규제 중 재무건전성과 관련된 시사점은 다음과 같다. 첫째 독일은 자기자본을 책임자본과 준보완자본(Tier 3)으로 구성하고 또한 책임자본은 기본자본(Tier 1)과 보완자본(Tier 2)의 합으로 규정하고 있다. 이에 대해 우리 은행법에서 자기자본은 기본자본과 보완자본으로만 구성된다는 점에서 자기자본의 범위가 다르다.[300] 그러나 독일도 자기자본을 규제할 때에 책임자본을 중심으로 규제하기 때문에 우리와 큰 차이는 없다고 해석된다. 둘째 독일은 전자화폐를 취급하는 회사의 자기자본과 관련하여 수치상 2%를 요구하는 것은 동일하나 기준이 되는 대상이 다르다. 즉 그 영업기간이 아직 6개월이 되지 않았다면 현재의 거래량이나 '사업계획서상 6개월 간 평균 거래량'을 기준으로 해서 2%이고 만약 6개월이 넘었다면 현재의 거래량이나 '과거 6개월 간 평균 거래량'을 기준으로 해서 2%라는 점에서 차이가 있다. 그러나 우리나라는 이와 같은 규정은 없고 자본금의 절대적인 액수(5억, 10억, 20억, 30억, 50억 이상 등)로만 규정되어 있다.[301] 은행이나 금융투자업(증권 포함) 및 보험회사가 전자화폐를 취급하는 경우라면 관련 업종의 규제를 받으면 별 무리가 없을 것으로 판단되나, 이들 금융기관을 제외하고 다른 회사가 전자화폐를 취급하는 경우라면 획일적인 금액으로만 자본금을 정하는 것은 전자화폐의 특성상 급변하는 추세를 반영하지 못할 우

299) 은행법 제11조의2 제2항.
300) 은행법 제2조 제1항 제5호.
301) 전자금융거래법 제30조; 동법 시행령 제17조.

려도 있을 것이다. 더욱이 최근 정부가 인터넷(전문)은행[302]의 도입을 추진하고 있는 것과 관련해서도 급변하는 추세를 반영할 수 있는 자본금의 산정이 필요할 것이고 이 한도 내에서는 독일의 입법태도는 시사하는 바가 있다고 본다. 셋째 독일은 책임자본의 10% 이상을 거액의 신용공여라 하고 거액의 신용공여를 할 때에는 해당 은행의 감독기구와 같은 책임자의 만장일치가 있으면 가능하고 또한 당해 은행의 책임자본의 25%, 그 합계로는 800%까지 신용공여가 가능하다. 이에 대해 우리 은행법상 은행은 동일한 개인 · 법인 및 그 개인 · 법인과 대통령령으로 정하는 신용위험을 공유하는 자(이하 동일차주라 함)에게 은행 자기자본의 25%, 합계로는 500%까지 신용공여를 할 수 있는 게 원칙이다.[303] 경제규모를 기준으로 비교한다면 독일이나 우리는 큰 차이는 없다고 해석된다. 그러나 동일차주가 당해 은행의 대주주라면 '은행 자기자본의 25%의 범위에서 대통령령으로 정하는 비율에 해당하는 금액과 그 대주주의 그 은행에 대한 출자비율에 해당하는 금액 중 적은 금액'을 초과해서 신용공여를 할 수 없기 때문에 대주주가 아닌 동일차주에게 신용공여를 하는 경우와는 차이가 있다.[304] 그러나 이를 초과하려면 당해 은행 이사회의 만장일치가 있어야 한다.[305] 그러나 신용공여의 초과여부를 떠나서 이 규정을 만장일치로 한다면 사실상 이 규정은 적용되기 어려울 것이기 때문에 재검토가 필요하다고 본다. 독일의 경우에도 우리법제와 같은 비판을 할 수 있을 것이다. 뿐만 아니라 우리 은행법상 은행은 자신의 대주주가 발행한 지분증권[306]을 취득하는 경우에도 당해 은행 자기

302) 이훈성, "'인터넷은행 내년 허가' 정부, 팔 걷어붙였지만...," 한국일보 2014년 12월 21일, 〈http://www.hankookilbo.com/v/8297ea512005472a9c56c72849112fdb〉 (검색일 2015.1.30).

303) 은행법 제35조.

304) 은행법 제35조의2.

305) 은행법 제35조의2 제4항.

306) 여기서 지분증권은 주권, 신주인수권이 표시된 것, 법률에 의하여 직접 설립된 법인이 발행한 출자증권, 「상법」에 따른 합자회사 · 유한책임회사 · 유한회사 · 합자조합 · 익명조합의 출자지분, 그 밖에 이와 유사한 것으로서 출자지분 또

자본의 1%의 범위에서 대통령령으로 정하는 비율에 해당하는 금액을 초과하여 취득할 수 없는 것이 원칙이다.[307] 독일 및 프랑스와 달리 우리 은행법은 은행이 누구에게 신용공여를 하는가에 따라 다르게 규제하고 있다. 우리의 경우 구체적 타당성을 좀 더 확보할 수 있는 장점이 있는 반면 독일 및 프랑스는 규제차익의 위험을 줄일 수 있다는 각각의 장점이 있다. 그러나 은행주식의 취득하는 경우와 달리 은행의 경영에 직접적인 영향을 주는 것은 아니기 때문에 구체적 타당성 보다는 규제차익의 위험을 방지할 수 있는 독일 및 프랑스의 입법태도가 나아 보인다. 이에 대하여 재검토가 필요하다고 본다. 넷째 독일은 은행이 자신의 책임자나 감독기관 등에게 신용공여를 하려면 당해 은행의 책임자 등 감독기관의 만장일치와 그 거래가 시장의 거래조건을 충족하고 독일 연방금융감독당국(BaFin)의 승인을 받아야 한다. 반면 우리 은행법상 은행은 금융위원회가 정하는 소액대출 이외에는 당해 은행의 임직원에게 대출을 할 수 없다.[308] 다만 기술한 바와 같이 독일의 만장일치 규정은 규정으로서의 실효성에는 의문이 있다. 다섯째 독일 및 프랑스는 은행지분을 취득할 때에 3%나 5% 이상 되면 감독당국에게 통지를 하도록 되어 있으며 감독당국이 승인을 한다면 사실상 은행주식을 포함한 지분의 100%까지도 취득할 수 있다. 이에 대해 우리도 은행주식을 4% 이상 취득할 때부터 은행법상의 제한이 있기 때문에 수치상으로는 독일 및 프랑스와 별 반 차이가 있는 것은 아닐 것이다. 그러나 우리 은행법은 은행주식을 누가(동일인, 非금융주력자 또는 사모투자전문회사) 취득하는가에 따라 다르게 규제를 하고 있다는 점에서 독일 및 프랑스와 큰 차이가 있는 것이다. 먼저 동일인[309]은 은행의 의결권이 있는 발행주식 총수의

는 출자지분을 취득할 권리가 표시된 것을 의미한다. 자본시장과 금융투자업에 관한 법률 제4조 제4항.

307) 은행법 제35조의3.

308) 은행법 제38조 제6호.

309) 은행법상 동일인은 본인 및 그와 대통령령으로 정하는 특수관계에 있는 자를 의미한다. 은행법 제2조 제1항 제8호.

10%(지방은행의 경우는 15%)를 초과하여 취득할 수 없는 것이 원칙이나 금융위원회의 승인을 받으면 25%나 33%를 초과하여 취득할 수는 있다.[310] 다만 이 경우에도 4% 이상을 취득하게 되면 금융위원회에게 보고를 해야 하기 때문에 사실상 동일인의 경우에는 은행주식을 4% 이상 취득할 때부터 제한을 받게 된다고 할 수 있다.[311] 다음으로 非금융주력자[312]는 은행의 의결권이 있는 발행주식 총수의 4%(지방은행의 경우는 15%)까지만 취득할 수 있는 것이 원칙이나 ㈎ 일정한 경우 금융위원회의 승인을 얻어서 초과부분의 의결권을 행사할 수 없다는 조건에서 4%(15%)를 초과하여 취득할 수 있고 ㈏ 2년 이내에 非금융주력자가 아닌 자로 전환하기 위한 계획을 금융위원회에 제출하여 승인을 받은 非금융주력자도 4%(15%)를 초과하여 취득할 수 있으며 ㈐ 외국인투자촉진법에 따른 외국인의 은행에 대한 주식보유비율 이내에서 주식을 보유하는 非금융주력자인 경우도 초과 취득이 가능하고 ㈑ 국가재정법 제5조에 따른 기금 또는 그 기금을 관리·운용하는 법인으로서 일정한 요건을 모두 갖추어 금융위원회의 승인을 받은 非금융주력자 역시 4%(15%)를 초과하여 은행주식을 취득할 수 있는 것이다.[313] 이어 사모투자전문

310) 은행법 제15조 제1항과 제3항.

311) 은행법 제15조 제2항 제1호.

312) 은행법상 非금융주력자는 (1) 동일인 중 非금융회사(대통령령으로 정하는 금융업이 아닌 업종을 운영하는 회사)인 자의 자본총액(대차대조표상 자산총액에서 부채총액을 뺀 금액)의 합계액이 동일인 중 회사인 자의 자본총액의 합계액의 25% 이상인 경우의 그 동일인 (2) 동일인 중 非금융회사인 자의 자산총액의 합계액이 2조 원 이상으로서 대통령령으로 정하는 금액 이상인 경우의 그 동일인 (3) 자본시장과 금융투자업에 관한 법률에 따른 투자회사로서 기술한 (1) 또는 (2)의 자가 그 발행주식 총수의 4%를 초과하여 주식을 보유(동일인이 자기 또는 타인의 명의로 주식을 소유하거나 계약 등에 의하여 의결권을 가지는 것)하는 경우의 그 투자회사 (4) 자본시장과 금융투자업에 관한 법률에 따른 일정한 사모투자전문회사 (5) 기술한 (4)에 해당하는 사모투자전문회사가 투자목적회사의 주식 또는 지분의 4%를 초과하여 취득·보유하거나 임원의 임면 등 주요 경영사항에 대하여 사실상의 영향력을 행사하는 경우의 해당 투자목적회사를 의미한다. 은행법 제2조 제1항 제9호.

313) 은행법 제16조의2.

회사[314]는 은행의 의결권이 있는 발행주식 총수의 10%(15%)를 취득할 수 있는 것이 원칙이고 금융위원회의 승인을 받으면 25%나 33%를 초과해서 취득할 수 있다고 해석된다.[315] 따라서 우리 은행법은 동일인, 非금융주력자 또는 사모투자전문회사가 은행주식을 취득함에 따라 은행에 미치는 영향이 다르다고 보기 때문에 이런 차별된 규제를 하고 있으나 독일 및 프랑스는 규제차익의 위험을 방지하려는 측면에서 은행주식의 취득자를 불문하고 동일한 규제를 하고 있는 것으로 판단된다. 그러나 은행주식을 누가 취득하는가는 해당 은행 경영에 직접적인 영향을 주기 때문에 은행주식의 취득자에 따라서 규제를 달리하는 것은 의미 있다고 판단된다. 다만 두 가지의 측면에서는 재검토가 필요하다고 본다. 하나는 우리 은행법은 금융주력자와 非금융주력자를 구별해서 규제를 달리하고 있는데 그 기준이 금산분리나 완화내지는 폐지 그 자체의 연장선에서 논의되어서는 안 되고 우리에게 최대한 유리하게 하려면 어떤 기준을 선택해야 하는가라는 실리적인 기준에서 접근해야 한다는 점이다. 따라서 우리에게 유리하다면 또한 그것이 국제적인 추세에 반하지 않는다면 금산분리나 완화 또는 폐지를 주저 없이 선택해야 할 것이다. 다른 하나는 우리 은행법과 같이 동일인, 非금융주력자 또는 사모투자전

314) 은행법상 사모투자전문회사는 사모투자전문회사와 투자목적회사를 포괄해서 지칭하고 있다. 은행법 제15조의3 제2항. 여기서 사모라 함은 새로 발행되는 증권의 취득의 청약을 권유하는 것으로서 모집에 해당하지 아니하는 것을 의미한다. 자본시장과 금융투자업에 관한 법률 제9조 제8항. 사모투자전문회사에 대한 보다 상세한 내용은 자본시장과 금융투자업에 관한 법률 제268조 및 제278조의3 참조.

315) 은행법 제15조의3 제2항. 원래는 사모투자전문회사는 4%까지만 취득할 수 있었으나 2013년 8월 13일자로 이 규정이 폐지되었다. 따라서 4%제한이 폐지되었고 동법 동조 제2항에서 동법 제15조 제3항의 25%나 33%의 초과 보유 승인에 필요한 절차를 규정하고 있는 점을 두고 본다면 사모투자전문회사는 종전과 달리 은행주식의 10%(15%)까지 취득할 수 있다고 해석할 수 있을 것이다. 그러나 非금융주력자의 경우는 오히려 9%에서 4%로 축소된 것과는 충돌되는 면이 있다고 본다. 그 이유는 사모투자전문회사 역시 사실상 非금융주력자라고 할 수 있음에도 불구하고 사모투자전문회사와 非금융주력자를 다르게 규제하고 있기 때문이다.

문회사에 따라 은행주식의 취득에 관하여 차별된 규제를 함으로서 발생될 수 있는 규제차익의 위험은 없는지 재점검할 필요는 여전히 있다는 점이다. 끝으로 독일의 경우 은행주식의 취득 여부를 결정하는 기간이 취득 여부의 통지가 있은 후 60일 이내가 원칙이며 예외적으로 이 기간이 아직 50일을 초과하지 않았다면 독일 연방금융감독당국(BaFin)은 서면으로 구체적인 필요한 정보를 적시하여 해당 정보를 요청할 수 있고 이 정보를 받을 때까지 80일을 초과하지 않는 범위 내에서 그 결정을 연장할 수 있다. 이에 대해 우리 은행법 시행령에서는 동일인이 은행주식을 취득하려고 할 때 가부를 결정하는 기간이 60일이 원칙이다.[316] 그러나 이 60일이라는 기간에서 제외되는 기간은 ① 승인신청서의 흠결을 보완하는 기간 ② 승인요건 충족 여부의 확인을 위하여 다른 기관 등으로부터 필요한 자료를 제공받는데 소요되는 기간 ③ 동일인 등을 상대로 형사소송의 절차가 진행되고 있거나 금융위, 공정거래위원회, 국세청, 검찰청 또는 금융감독원 등에 의한 조사·검사 등의 절차가 진행되고 있고, 그 소송이나 조사·검사 등의 내용이 인가심사에 중대한 영향을 미칠 수 있다고 인정되는 경우에는 그 소송이나 조사·검사 등의 절차가 끝날 때까지의 기간 ④ 천재·지변 그 밖의 사유로 불승인사유를 통지할 수 없는 기간이라고 규정되어 있다.[317] 60일이라는 기간에서 제외되는 기간의 내용은 별론으로 하더라도 60일이 거의 다 도달했는데 예컨대 55일이 되었는데 그 시점에서 금융감독당국이 특정의 정보를 요청한다고 한다면 주식취득 여부에 대한 결정은 상당기간 동안 지연될 수 있을 것이다. 따라서 독일과 같이 일정한 시간이 경과한 이후에는 추가로 정보의 요청 등을 하더라도 그 결정기간이 연장되지 않도록 하는 명문의 규정을 둘 필요가 있다고 본다. 그 이유는 시장참여자

316) 은행법 시행령 제4조의3. 非금융주력자와 사모투자전문회사의 경우는 30일이다. 은행업감독업무시행세칙 〈별표 1〉 업무처리기간. 그러나 非금융주력자의 경우 은행법 시행령의 해당 조문이 폐지가 되었다. 보완작업이 필요할 것이다.

317) 은행업감독규정 제14조의2.

에게 예견가능성을 줘야하기 때문이다. 또한 기술한 ①-④에 제외되는 기간은 상당히 추상적이기 때문에 금융감독당국이 자의적으로 해석할 소지는 늘 있을 수 있다고 판단된다. 이에 대해서는 재검토가 필요하다고 본다. 또한 동일인과 사모투자전문회사의 은행주식의 취득 여부의 결정기간은 은행법 시행령에 각각 규정되어 있으나[318] 非금융주력자의 경우에는 삭제된 상태에 있다. 이 부분도 보완해야 할 것이다.

3.5. 지배구조와 관련된 시사점

은행의 지배구조와 관련된 시사점으로는 다음과 같은 내용을 들 수 있다. 첫째 독일의 은행책임자인 경영진은 신뢰성 및 전문성을 구비해야 하며 우리 은행법도 은행의 임원에게 금융에 대한 전문성과 경력이 있을 요구하고 있다는 점에서 별 차이가 없다고 해석된다.[319] 다만 신뢰성, 전문성, 경력 등의 용어를 포함해서 특히 우리 은행법은 은행의 임원에게 전문성과 경력 외에도 은행의 공익성 및 건전경영과 신용질서를 해칠 우려가 없는 자일 것까지 요구하고 있기 때문에 이들 용어의 내용을 보다 구체화하는 작업이 필요할 것이다. 둘째 독일 및 프랑스는 이사회라는 단일 지배구조 방식이나 감독위원회 및 경영위원회로 조직된 이중 지배구조 방식을 선택할 수 있다. 우리도 비록 은행법은 아니지만 상법에 집행임원제도와 이사회라는 제도를 선택할 수 있도록 규정되어 있다는 점에서 유사하다.[320] 셋째 프랑스는 이사회의 의장과 최고경영자(CEO)의 겸격 여부를 은행이 선택할 수 있도록 규정하고 있으나 우리 은행법에는 이와 같은 규정이 없다는 점에서 차이가 있다. 이에 대해 최근 우리 정부는 이사회의 의장과 최고경영자(CEO)의 분리를 강제적으로 시도하고 있다.[321] 그러나 모든 회사의 현실이 이사회의 의장과 최고

318) 은행법 시행령 제4조의3과 제10조 제4항.
319) 은행법 제18조 제2항.
320) 상법 제408조의2와 제408조의4.
321) 김정호, "이사회의장과 대표집행임원 강제분리의 문제점," 법률신문 2013년 10월 10일, 〈https://www.lawtimes.co.kr/LawPnnn/Pnnyn/PnnynContent.aspx?serial=2154&m

경영자(CEO)의 분리가 맞을 수는 없을 것이기 때문에 이사회의 의장과 최고경영자(CEO)의 겸직 여부는 기업의 선택에 맡겨야 할 것이다. 넷째 프랑스는 은행의 이사는 독립된 이사이고 만약 은행이 상장회사라면 이사의 1/2 이상이 독립된 이사로 구성되어야 하며 은행이 다른 자에 의하여 지배를 받고 있다면 1/3 이상이 독립된 이사로 구성될 것을 요구하고 있다. 이에 대해 우리 은행법도 은행이사는 최소한 3명 이상이 사외이사이어야 하고 이 사외이사가 전체 이사의 1/2 이상일 것을 요구하고 있다는 점에서 프랑스와 유사한다.[322] 다섯째 독일 및 프랑스는 성별 균형을 강조한 결과 이사 중 여성이 일정비율이 될 것을 요구하고 있으나 우리는 이와 같은 규정이 없다. 우리도 독일 및 프랑스와 같이 성별 균형을 전향적으로 검토할 필요가 있을 것이다. 여섯째 독일의 경우 경영위원회의 위원은 3개 이상의 다른 회사의 감독위원회의 위원으로 겸직할 수는 없다. 프랑스의 경우 은행이사의 임기는 4년을 초과할 수 없으며 상임이사는 2개까지 상장회사의 이사를 겸직할 수 있고 非상임이사인 사외이사는 4개까지 상장회사의 이사를 겸직할 수 있다. 이에 대해 우리의 경우 은행이사는 최장 3년을 초과할 수 없으며,[323] 독일 및 프랑스와 같이 횟수로 겸직을 제한하는 규정이 없다는 점에서 다르다. 다만 은행도 주식회사이기 때문에 이에 따라 은행이사는 당해 은행 이사회의 승인이 없다면 동종영업을 목적을 하는 다른 회사의 무한책임사원이나 이사로 겸직할 수 없게 되는 것이다.[324] 이와 같은 법제상의 차이를 기초로 해서 판단해 본다면 독일 및 프랑스는 금산분리 내지는 은산분리를 사실상 폐지한 입법방식이고 이에 반해 우리는 금산분리 또는 은산분리를 그대로 유지하고 있는 입법방식이라고 할 수 있을 것이다. 우리와 독일 및 프랑스 중 어떤 입법방식이 나은지 판단하기가 쉽지는 않으나 세계적인 추세와 우리나라의 최대이익을 조화시킨 입법이 필요

=pnnyn〉 (검색일 2015.1.31).

322) 은행법 제22조 제2항.

323) 상법 제383조 제2항.

324) 상법 제397조 제1항.

할 것이고 하나 분명한 것은 우리만 스스로 규제를 강화할 필요는 결코 없다는 점이다. 일곱째 독일 및 프랑스와 같이 우리 역시 이사회가 각종 위원회를 구성하도록 규정되어 있다.[325] 독일 및 프랑스는 이사선임 또는 지명위원회와 감사(회계)위원회는 필수적으로 설치될 것을 요구하고 있으며 이와 동일하게 우리 은행법도 사외이사후보추천위원회와 감사위원회가 의무적으로 설치될 것을 요구하고 있다.[326] 사외이사의 비율도 2/3와 1/2 이상으로 동일하다.[327] 그러나 다음과 같은 점에서 차이가 있다. ㈎ 프랑스의 회계위원회의 위원 모두가 금융이나 회계전문가일 것을 요구하는 반면 우리는 1명 이상이라고 규정하고 있다는 점이 다르다.[328] 그러나 회계위원회의 위원이나 감사위원회의 위원 전원이 금융이나 회계전문가이면 좋겠지만 이런 요건을 구비한 자만으로 위원회를 구성해야 한다면 은행의 비용은 증가할 것이고 때로는 적임자를 구하지 못하는 경우도 발생할 것이다. 따라서 최저요건만 정해 놓고 그 이상은 해당 은행에 맡기는 것이 기업현실을 반영할 수 있을 것이다. 다만 우리 은행법과 같이 1명만 회계 또는 재무전문가라고 한다면 감사위원회(회계위원회)라는 기능에 걸맞지 않다는 생각이 든다. 이에 대해 재검토가 필요할 것이다. ㈏ 프랑스와는 달리 우리 은행법은 사외이사후보추천위원회에서의 사외이사의 비율과 감사위원회의 위원후보추천위원회에서의 사외이사의 비율이 다르다는 점이다. 즉 전자는 50% 이상이고 후자는 100%이다.[329] 그러나 양자를 다르게 구분할 이유가 있는지 또한 구분하다고 하더라도 100%를 요구하는 것이 적절한지 의문이다. 별 다른 이유가 없다면 은행의 현실을 고려할 수 있도록 양자를 동일하게 취급하되 최저요건만 규정하고 그 이상은 기업에 맡겨 두는 것이 규제로서의 실효성을 확보하는 길이라고 생각된다. 이에 대하여는 재검토

325) 상법 제393조의2 제1항.
326) 은행법 제22조 제3항과 제23조의2 제1항.
327) 은행법 제22조 제2항과 제23조의2 제2항 제1호.
328) 은행법 제23조의2 제2항 제2호.
329) 은행법 제22조 제3항과 제24조.

가 필요하다고 본다. 여덟째 독일은 일정한 경우 금융감독당국이 해당 은행에 대하여 감사의 교체를 요구하거나 은행의 책임자의 해임을 요구할 수 있다. 이와 비슷하게 우리도 금융위원회는 은행의 임원이 은행법 또는 은행법에 따른 규정·명령 또는 지시를 고의로 위반하거나 은행의 건전한 운영을 크게 해치는 행위를 하는 경우에는 금융감독원장의 건의에 따라 해당 임원의 업무집행 정지를 명하거나 주주총회에 그 임원의 해임을 권고할 수 있으며,[330] 금융감독원장으로 하여금 경고 등 적절한 조치를 하게 할 수 있다고 규정하고 있다.[331] 그러나 정부가 해당 은행의 주요지분권자(독일의 경우)나 대주주(우리의 경우)가 아닌 이상 은행의 책임자(경영진)나 임원의 해임을 요구하는 것은 당해 은행의 주주의 권리를 침해할 소지가 있을 수 있기 때문에 재검토가 필요하다고 본다. 아홉째 독일 및 프랑스의 경우 내부통제장치와 준법감시기능을 규정하고 있다는 점에서 우리와 동일하다.[332] 그러나 독일 및 프랑스의 경우 구체적으로 누가 준법감시기능을 담당할지에 대하여는 침묵하고 있으나 우리는 구체적으로 준법감시인이 이 기능을 담당한다고 규정하고 있다는 점에서 다르다.[333] 다만 우리의 경우 준법감시인은 해당 은행에서 선임하고 있기 때문에 준법감시기능이 제대로 작동할지는 여전히 의문으로 남는다.[334] 이에 대하여 재검토가 필요하다고 본다. 열째 임점검사의 경우 독일은 독일 내외에 주소를 둔 은행에 대하여 임점검사를 할 수

330) 은행법 제54조 제1항. 이와 비슷하게 금융위원회는 은행주식을 보유한 사모투자전문회사 등에게 일정한 경우 그 업무집행사원의 해임 등을 요구할 수 있다. 동법 제53조의2 제4항.

331) 은행법 제54조 제2항.

332) 은행법 제23조의3 제1항.

333) 은행법 제23조의3 제2항.

334) 물론 준법감시인이 준법감시업무의 수행과 관련된 사유로 부당한 인사상의 불이익을 받지 않는다는 규정이 있다. 은행법시행령 제17조의3 제6항. 그러나 해당 은행이 준법감시인을 임면하기 때문에 이 규정의 실효성 역시 의문이다. 이런 이유로 은행 이외의 기관에서 파견된 자가 준법감시기능을 담당할 수는 없는지 직관적인 생각을 해 본다. 그러나 기업의 현실을 어떻게 고려할지 고민이다.

있으며 은행의 주요지분권자(10%) 등 은행을 지배하는 자 및 이들과 제휴된 자, 그리고 은행으로부터 위탁받은 자에 대하여도 임점검사를 실시할 수 있다. 프랑스 역시 프랑스 내외에 주소를 둔 은행을 금융감독당국이 임점검사를 할 뿐만 아니라 은행연합체도 임점검사를 실시할 수 있다는 점은 특이하다. 이에 대해 우리 은행법도 금융감독원장으로 하여금 은행의 업무와 재산상황을 검사할 수 있으며 이에 따라 은행에 대하여 업무 또는 재산에 관한 보고, 자료의 제출, 관계자의 출석 및 의견의 진술을 요구할 수 있는 것이다.[335] 뿐만 아니라 이와 같은 임점검사는 일정한 경우 非금융주력자와 대주주에게까지 확대되어 있다.[336] 따라서 우리나 독일 및 프랑스는 임점검사가 인정되어 있을 뿐만 아니라 은행 이외의 자에게까지 임점검사를 할 수 있거나 감독당국이 아닌 다른 단체에 의한 임점검사를 할 수 있다는 점에서 임점검사가 확대되어 있다. 임점검사의 확대가 타당한지를 논할 수 있는 근거가 무엇인가를 검토하기 전에 은행 이외의 자에게 임점검사를 한다는 것은 이중의 중복된 규제라는 생각이 든다. 즉 非금융주력자는 은행법 제15조의2, 제16조의2, 제16조의4 등에서 이미 규제되고 있고 대주주 역시 동법 제35조의2 및 제35조의5 등에서 규제되고 있기 때문이다. 따라서 임점검사의 확대가 중복된 규제가 아닌지 재검토가 필요할 것이다. 끝으로 독일 및 프랑스는 적기시정조치라는 규정이 없으나 우리는 이를 규정하고 있다. 여기서 적기시정조치라 함은 경영실태평가 및 자본비율에 의하여 해당 금융기관에 부과되는 경영개선권고, 경영개선요구 및 경영개선명령으로 정의할 수 있을 것이다.[337] 개별 금융기관뿐만 아니라 금융지주회사 등 금융그룹으로 은행 등 금융기관이 운영되는 경우 자회사 은행 등의 금융기관이 부실하다면 그 지주회사 등이 책임을 져야 하는데 이와 같은 책임을 회피할 유인력이 적기시정조치로부터 발생하기 때문에

335) 은행법 제48조.
336) 은행법 제48조의2.
337) 금융산업의 구조개선에 관한 법률 제10조; 은행업감독규정 제34조 및 제37조.

적기시정조치를 둔 우리가 독일 및 프랑스보다는 나은 입법이라고 판단된다. 그러나 적기시정조치는 ① 법정 기준에 미달이 있었으나 그것이 일시적인 경우 ② 단기간에 이를 충족시킬 수 있다고 판단되거나 이에 준하는 사유가 있다고 인정된다면 기간을 정하여 적기시정조치를 유예시킬 수 있다고 규정하고 있기 때문에 적기시정조치의 적시성에 큰 장애가 된다고 본다.[338] 즉 적기시정조치의 유예조건에서 도대체 어느 정도가 일시적인 기준 미달인지 또한 어떤 경우에 일시적인 기준 미달을 단기간에 충족시킬 수 있다고 판단할 수 있는지 그리고 어떤 사유가 이에 준하는 사유인지 명확하지 못하여 감독기관의 자의적인 해석의 위험이 도사리고 있는 것이다. 이를 반영하듯 우리나라에서 적기시정조치의 유예를 받은 금융기관의 대부분은 그 상태가 나아진 경우가 거의 없다.[339] 따라서 적기시정조치가 적시에 시행될 수 있도록 해야 하고 부득이하게 유예를 하려면 명확한 기준이 적용되어야 할 것이다. 이에 대하여 재검토가 필요하다고 본다.

3.6. 정보공개와 관련된 시사점

우리와 독일 및 프랑스는 은행업과 관련된 정보를 공개함으로서 은행경영이 투명성을 확보할 수 있고 이를 통해 은행고객의 이익 보호 및 감독의 효율성이 확보될 수 있을 것이다. 이런 의미에서 우리는 독일 및 프랑스는 별반 차이가 없고 우리 은행법상 규정된 정보공개를 정리하는 차원에서 중요한 부분만 소개한다. 첫째 은행업의 인가 또는 취소의 경우 금융위원회는 이 사실을 관보에 공고하고 인터넷 홈페이지 등

---

338) 금융산업의 구조개선에 관한 법률 제10조 제3항.

339) 이재명, "[아하 그렇구나] 적기시정조치," 한겨레 2012.5.13, 〈http://www.hani.co.kr/arti/economy/economy_general/532642.html〉 (검색일 2015.1.31.). 미국 역시 우리와 비슷하게 감독기관의 재량권에 대하여 의문이 제기되고 있다. U.S.C.A. §1831o(a)(2); Michael K. O'Neal, "Update Prompt Corrective Action and Other Regulatory Enforcement Powers," 48 Consumer Fin. L.Q. Rep. 259, 260 (Summer, 1994).

을 통해 일반 대중에게 공개하고 있다.[340] 둘째 非금융주력자는 은행의 의결권이 있는 발행주식 총수의 4%를 초과하여 은행주식을 취득할 수 없으나 2년 이내에 非금융주력자가 아닌 자로 전환한다는 전환계획의 승인을 금융위원회로부터 받으면 즉 전환대상자가 되면 4%를 초과하여 은행주식을 취득할 수 있다. 이때 금융위원회는 非금융주력자인 전환대상자에 대하여 전환계획의 이행상황을 분기별로 점검한 후 그 결과를 인터넷 홈페이지 등을 통하여 공시하도록 되어 있다.[341] 셋째 은행은 주주와 은행이용자 등의 이익을 보호하기 위하여 당해 은행의 이사회 운영 등에 관하여 지켜야 할 구체적인 원칙과 절차인 '지배구조내부규범'을 제정해야 하고 이를 변경하거나 이 규범에 따른 당해 은행 이사회의 운영현황을 인터넷 홈페이지 등을 통하여 공개해야 한다.[342] 넷째 은행은 부수업무를 하려면 금융위원회에 신고를 해야 하며 신고를 받은 금융위원회는 부수업무의 내용 등 일정한 사항을 인터넷 홈페이지 등을 통하여 일반 대중에게 공개하고 있다.[343] 또한 부수업무가 은행의 경영건전성 등을 해치는 경우에는 금융위원회는 해당 부수업무를 제한하거나 시정명령을 하게 되는데 이 때 그 내용 및 사유를 인터넷 홈페이지 등을 통하여 공고하도록 되어 있다.[344] 다섯째 은행은 자신의 대주주에 대한 신용공여에 관한 사항 또는 자신의 대주주가 발행하는 지분증권의 취득에 관한 사항을 분기별로 인터넷 홈페이지 등을 통하여 공시해야 하며,[345] 만약 은행이 자기자본의 25%를 초과하여 자신의 대주주에게 신용공여를 하거나 자신의 대주주가 발행하는 지분증권을 당해 은행 자기자본의 1%를 초과하여 취득한 경우에도 금융위원회에 보고하고 인터넷 홈페이지 등을 통하여 공시하도록 되어 있다.[346] 여섯째 은행은 예금

340) 은행법 제12조.
341) 은행법 제16조의3 제2항; 동법 시행령 제11조의2 제2항.
342) 은행법 제23조의4 제3항.
343) 은행법 제27조의2 제2항; 동법 시행령 제18조 제3항.
344) 은행법 제27조의2 제4항 및 제5항; 동법 시행령 제18조 제4항.
345) 은행법 제35조의2 제6항과 제35조의3 제6항.
346) 은행법 제35조의2 제5항과 제35조의3 제5항.

자 및 투자자를 보호하기 위하여 ㈎ 재무 및 손익에 관한 사항 ㈏ 자금의 조달 및 운용에 관한 사항 ㈐ 일정한 제재나 처분 등을 받은 경우 그 내용을 공시해야 한다.[347] 일곱째 은행은 약관을 제정하거나 변경할 때에 인터넷 홈페이지 등을 통하여 공개하고 있다.[348]

이상에서 살펴본 바와 같이 정보공개와 관련하여 우리나 독일 및 프랑스는 별 차이가 없다. 다만 은행이 해당 정보를 공개하는 경우에는 대부분이 감독당국에도 그 사실을 보고하고 있을 것이다. 그렇다면 은행이 일반 대중에게 관련 정보를 공개하지 말고 감독당국이 일괄적으로 해당 은행의 관련 정보를 공개하면 은행에게는 이중의 수고를 덜 수 있다는 생각을 해 본다. 더욱이 감독당국이 해당 은행의 관련 정보를 공개한다면 그 정보의 신뢰성은 보다 확보될 수 있을 것이다. 이에 대하여 재검토가 필요하다고 본다.

3.7. 규제 및 감독의 공조와 관련된 시사점

기술한 바와 같이 독일 및 프랑스는 자국 내외의 공조가 비교적 잘 되어 있다고 할 수 있다. 이에 반해 우리 은행법은 2개의 조문만 두고 있으며 그 내용을 본다면 사실상 공조에 관해서는 전무하다고 봐야 할 것이다. 우리 은행법상의 공조의 하나는 다음과 같다. 즉 우리 은행법상 동일인은 자신의 자본총액에서 非금융회사가 차지하는 비율이 25% 이상이거나 2조 원 이상인 경우에는 非금융주력자가 되는 것이지만 동일인이 외국은행 등이고 일정한 요건을 구비한 경우에는 이 외국은행 등이 직·간접적으로 주식 등을 보유하는 외국법인으로서 외국법에 따라 설립된 법인은 동일인의 범위에서 제외될 수 있는 것이다.[349] 여기서 일정한 요건에는 금융위원회가 해당 외국의 금융감독당국과 정보교환 등 업무협조의 관계가 있는 경우가 포함된다.[350] 이 의미가 우리 금융감

347) 은행법 제43조의3; 동법 시행령 제24조 제1항.
348) 은행법 제52조 제2항.
349) 은행법 제16조의5.
350) 은행법 제16조의5 제1항 제3호.

독당국과 외국의 금융감독당국의 공조를 전제로 하기 때문에 이 규정이 외국과의 공조의 유일한 조문이라고 보는 것이다. 이어 우리 은행법상의 공조의 또 다른 하나는 다음과 같다. 은행은 약관의 제정 또는 변경 시 금융위원회에 보고를 해야 하고 보고를 받은 금융위원회는 그 약관을 공정거래위원회에게 다시 통보하도록 되어 있다.[351] 이때 공정거래위원회가 받은 약관이 일정한 불공정약관조항에 해당되면 그 사실을 금융위원회에 통보하고 필요한 조치를 요청할 수 있으며 이에 따라 금융위원회는 특별한 사유가 없는 한 공정거래위원회의 요청을 따라야 한다는 국내의 공조를 규정한 유일한 조문이다.[352] 그러나 우리 은행법상 국외공조는 동일인의 범위와 관련된 내용이라서 사실상 은행업의 규제 및 감독에 관한 국외공조라고 하기는 어렵다. 또한 우리 은행법상 국내공조는 약관의 제정 또는 변경 시 금융위원회와 공정거래위원회의 공조를 규정하고 있어 역시 은행업의 규제 및 감독의 공조라기보다는 약관과 관련된 공조이기 때문에 은행업의 규제 및 감독에 대한 공조라고 보기에는 무리가 있다고 본다. 따라서 독일 및 프랑스와는 달리 우리 은행법은 공조에 관한 규정은 사실상 전무하기 때문에 이에 대한 보완작업이 시급하다고 판단된다.

351) 은행법 제52조 제3항.
352) Id.

Ⅲ. 금융투자업규제의 주요내용 및 시사점

1. 독일 금융투자업규제의 주요내용

독일 금융투자업 규제에도 독일은행법이 적용된다는 점은 독일 은행업 규제에서 언급한 바와 같다.[353] 따라서 별도의 지시가 없는 한 독일은행법상 독일 은행업의 규제에 관한 내용은 독일 금융투자업의 규제에 관한 내용과 동일하다. 그러나 독일에서 상장된 금융투자업자에 대한 감독은 독일은행법 외에도 독일증권거래법에 의해서도 규제되고 있기 때문에 독일증권거래법의 규제도 검토할 필요가 있다.[354] 이에 따라 이들 법규정의 내용을 종합적으로 고찰한다. 다만 논의의 편의상 금융투자업의 인가 등과 임점검사에 관해서만 독일은행법과 관련된 내용과 독일증권거래법에 관련된 내용을 구분하여 살펴본다.

1.1. 개 념

독일은행법상 은행업에 대한 규제와 금융투자업에 대한 규제는 별 차이가 없지만 개념에 있어서는 당연히 차이가 있고 그 내용은 다음과 같다. 즉 금융투자업이라 함은 은행 이외의 금융기관이 금융서비스를 타인에게 상행위로서 제공하는 것으로 (1) 투자중개업무 (2) 투자자문업무 (3) 다자간거래시스템의 운영업무 (4) 당해 금융회사의 인수확약이 없는 금융상품의 주문업무 (5) 계약중개업무 (6) 포트폴리오운영업무

---

353) German Banking Law라 함) §1.(1b).

354) 물론 독일증권거래법 이외에도 주식교환법(B rsengesetz: Exchange Act)이 있으나 이에 관한 검토는 논의의 편의상 생략한다. BaFin, “Homepage▶ Supervision▶ Stock exchanges & markets,” at http://www.bafin.de/EN/Supervision/StockExchangesMarkets/stockexchangesmarkets_node.html (last visited Oct. 16, 2014).

(7) 당해 금융회사의 자기거래업무 (8) 非회원국의 예금중개업무 (9) 자금이체서비스업무 (10) 외환거래업무 (11) 신용카드업무 (12) 팩토링업무 (13) 금융리스업무 (14) 자산운용업무를 의미한다.[355] 여기에 독일 증권거래법(Wertpapierhandelsgesetz: German Securities Trading Act)은 금융상품의 보수예수업무, 자본구조와 사업전략에 관한 자문의 제공 및 인수와 합병과 관련된 자문과 서비스의 제공업무, 특별한 투자결정에 관하여 직·간접적인 권고가 포함된 금융분석이나 정보의 제공 등의 업무, 인수업무와 관련된 서비스의 제공업무도 금융투자업에 포함시키고 있다.[356]

1.2. 규제 및 감독의 원칙

독일증권거래법상 금융투자업에 대한 규제 및 감독의 원칙을 명문으로 규정하지는 않고 다만 독일 연방금융감독당국(BaFin)이 자신의 홈페이지에서 금융시장의 투명성과 통합성 및 투자자보호가 금융투자업 규제 및 감독의 목적이라고 선언하고 있을 뿐이다.[357]

1.3. 인가 및 취소 등

1.3.1. 일 반

독일에서 금융투자업을 하려면 금융투자업자는 독일은행법상의 인가요건을 구비해야 하기 때문에 독일은행법상의 인가요건을 살펴본 후[358] 독일증권거래법상의 인가요건을 검토하기로 한다.

---

355) German Banking Law §1.(1a).

356) German Securities Trading Act §2.(3) & (3a).

357) BaFin, "Homepage▶BaFin▶Functions & history▶Securities Supervision/Asset Management▶Securities Supervision," at http://www.bafin.de/EN/BaFin/FunctionsHistory/SecuritiesSupervisionAssetManagement/securitiessupervisionassetmanagement_artikel.html (last visited Oct. 16, 2014). 독일법제상 금융투자업의 감독기관도 독일 연방금융감독당국(BaFin)이 된다.

358) German Banking Law §§1.(1b), 32 & 33; BaFin, "Homepage▶Supervision▶Banks & financial services providers▶Authorisation," at http://www.bafin.de/EN/Supervision/BanksFinancialServicesProviders/A

1.3.2. 은행법상 금융투자업의 인가 및 취소 등

먼저 독일은행법상의 금융투자업의 인가 및 취소 등의 요건은 다음과 같다. 독일에서 금융투자업을 하려면 독일 연방금융감독당국(BaFin)으로부터 서면으로 된 인가를 받아야 하며 그 인가 신청서에는 다음과 같은 사항이 포함되어야 한다.[359] (1) 금융투자업에 필요한 재원을 구비했다는 적당한 증거자료 (2) 책임자(senior manager[360])의 성명 (3) 금융투자업의 인가 신청인 및 책임자의 신뢰성 평가자료 (4) 해당 금융투자회사의 소유자 및 책임자의 전문성[361] 평가자료 (5) 해당 금융투자회사의 사업계획의 특성, 조직구조 및 내부통제장치를 포함한 실행 가능한 사업계획서 (6) 해당 금융투자회사에 주요지분권자[362]가 있다면 그 성명, 지분액수, 지분권자 등의 신뢰성 평가자료, 지분권자가 연차회계보고서를 작성하는 경우라면 과거 3년 간 회계보고서, 지분권자가 그룹에 소속되어 있다면 해당 그룹조직 및 해당 그룹의 과거 3년 간 연결회계보고서 (7) 해당 금융투자회사와 자연인 또는 기타 법인 간의 밀접한 관련성을 적시하는 자료가 그것이다. 다만 독일 연방금융감독당국(BaFin)은 금융투자업의 인가를 신청한 자가 독일 이외의 회원국에서 인가를 받은 은행, 전자화폐회사, 증권거래회사 또는 보험회사의 자회사 또는 제휴회사인 경우 또는 이들 회사를 지배하고 있는 자의 지배를 받

uthorisation/authorisation_node.html (last visited Oct. 16, 2014).

359) German Banking Law §32.(1).

360) 일반적으로 senior manager를 부장, 차장, 상무 또는 전무로 번역되고 있으나 금융투자업의 인가신청에 기재될 정도로 중요한 인물이고 또한 금융투자회사를 대표하는 자로 독일은행법은 규정하고 있기 때문에 '책임자'로 번역하기로 한다. German Banking Law §1.(2).

361) 만약 이들이 해당 금융투자업에 대하여 이론적이고 실제적인 지식 및 경영경험이 있다면 전문성이 인정된다. German Banking Law §33.(2).sentence 1. 특히 경영경험은 해당 금융투자업의 규모 및 성질과 유사한 정도의 금융투자회사에서 3년 간 경영을 했다면 경영경험이 있다고 보고 있다. German Banking Law §33.(2).sentence 2.

362) 여기서 주요지분권자라 함은 해당 금융투자회사의 자본금 또는 의결권의 10% 이상을 보유하거나 중요한 영향력을 행사할 수 있는 자를 의미한다. German Banking Law §1.(9).

고 있는 경우라면 금융투자업 인가를 주기 전에 이들 회사의 주된 감독당국과 금융투자업의 책임자에 대한 신뢰성 및 전문성과 10% 이상의 지분권을 보유한 자(주요 지분권자)의 신뢰성에 대하여 협의해야 한다.[363] 한편 회원국에 소재한 금융투자회사의 지점이 독일 내에 있으면서 금융투자업을 제공하려는 경우 독일 연방금융감독당국(BaFin)으로부터 별도의 인가를 받을 필요는 없다고 하지만,[364] 국제협약에 근거한 상호주의가 보장되지 않으면 이 지점의 금융투자업 인가는 거부될 수 있기 때문에 상호주의에 입각한 인가라고 해석된다.[365] 뿐만 아니라 非회원국이 독일 내에서 금융투자업을 하려는 경우에도 상호주의가 적용되는데 이때의 상호주의에는 첫째 非회원국의 금융투자회사가 국제적으로 인정된 원리에 의하여 감독되고 있고 둘째 非회원국 금융투자회사의 감독당국이 독일 연방금융감독당국(BaFin)과 만족할 만한 공조체제[366]를 구축하고 있어야만 독일 내에서 금융투자업을 할 수 있는 것이다.[367] 이상과 같은 금융투자업의 인가요건을 충족하게 되면 독일 연방금융감독당국(BaFin)은 그 사실을 독일연방전자관보에 공시하게 된다.[368]

그러나 다음과 같은 경우에는 금융투자업의 인가가 거부된다.[369] 첫째 영업에 필요한 재원 특히 양호한 초기자본금을 독일 내에서 이용하지 못하는 경우, 둘째 독일법제상 금융투자업의 신청인 또는 책임자가 그 신뢰성요건을 충족하지 못하는 경우, 셋째 지분권자 등이 그 신뢰성요건을 충족하지 못하거나 해당 금융투자회사의 경영건전성 요건을 충

---

363) German Banking Law §33b.sentence 2.

364) German Banking Law §53b.(1). 그러나 이 경우에도 일정한 요건을 충족시키지 못하면 독일 내에서는 새로운 업무를 할 수 없다. German Banking Law §53b.(4).

365) German Banking Law §53.(2).5.

366) 여기서 만족할 만한 공조체제의 구축에는 공조가 국제협약상으로도 보장될 것이 포함된다. German Banking Law §53c.2.(c).

367) German Banking Law §53c.

368) German Banking Law §32.(4).

369) German Banking Law §33.

족시키지 못하는 경우, 넷째 금융투자회사의 소유자 또는 책임자가 전문성요건을 충족하지 못하는 경우 및 책임자가 선임되지 않은 경우, 다섯째 금융투자업의 인가를 받은 후 당해 금융투자회사가 금융지주회사[370]나 복합금융지주회사[371]의 자회사가 된 후 해당 금융지주회사나 복합금융지주회사를 실질적으로 운영하는 자가 신뢰성요건 또는 전문성요건을 충족하지 못하는 경우, 여섯째 금융서비스를 제공하기 위해 고객의 자금이나 증권의 보유를 승인받거나 노령연금을 취급할 수 있도록 승인받은 금융투자회사가 최소한 2명 이상의 책임자를 두지 않은 경우,[372] 일곱째 독일 내부에 있는 금융투자회사지만 이 금융투자회사를 기준으로 그 주된 사무소가 독일외부에 있는 경우,[373] 여덟째 금융투자업의 인가를 받기 위하여 금융투자업의 적절한 수행에 필요한 조직구성을 마련하지 못한 경우, 아홉째 금융투자업의 신청인이 외국은행의 자회사인 경우 해당 외국은행의 감독기관이 자회사의 설립을 허용하지 않은 경우가 그것이다. 이와 함께 독일 연방금융감독당국(BaFin)의 효과적인 감독을 할 수 없다고 판단되는 경우에는 금융투자업의 인가가 거부될

370) 독일은행법상 금융지주회사라 함은 최소한 1개 이상의 자회사가 은행, 전자화폐회사 또는 증권거래회사가 되어야 하며 주로 은행 또는 금융회사를 자회사로 지배하는 복합금융지주회사 이외의 금융회사를 의미한다. German Banking Law §1.(3a).sentence 1.

371) 독일은행법상 복합금융지주회사라 함은 그 모회사는 규제받지 않는 금융회사지만 그 자회사는 최소한 1개 이상의 규제받는 금융회사로 구성된 회사를 의미한다. German Banking Law §1.(3a).sentence 2. 여기서 규제받는 금융회사라 함은 은행, 전자화폐회사, 증권거래회사 또는 보험회사를 의미한다. German Banking Law §1.(3a).sentence 3.

372) 이때의 책임자는 형식적인 책임자가 아니라 실질적인 책임자를 의미한다. German Banking Law §33.(1).5.

373) 영문에는 the institution has its head office outside Germany라고 규정되어 있지만 본문과 같이 해석해야 할 것이다. 그 이유는 예컨대 우리나라 금융투자회사가 독일에서 영업한다고 하면 그 주된 사무소인 본점은 한국에 있다는 이유로 금융투자업의 인가가 거부되기 때문이다. 따라서 독일 내부에서 금융투자업을 하는 금융투자회사 그것을 기준으로 주된 사무소가 독일 내부에 있으면 금융투자업 인가거부의 대상은 아니라고 봐야 할 것이다.

수 있다.[374] 그러나 금융투자업의 인가거부는 법정이유에 한정된다.[375]

기술한 바와 같이 금융투자업을 인가할지 거부할지에 대해 독일 연방금융감독당국(BaFin)은 6개월 내에 결정해야 한다.[376] 다만 非회원국에 소재한 회사나 그 자회사가 금융투자업의 인가를 신청한 경우 독일 연방금융감독당국(BaFin)의 결정은 연기되어야 하며 만약 독일 연방금융감독당국(BaFin)의 결정이 유럽연합위원회 등의 결정에 의하여 좌우되는 경우 그 결정은 이에 제한을 받게 된다.[377] 그러나 금융투자업의 인가가 연기되거나 제한받는 경우에도 그 기간은 유럽연합위원회 등의 결정일로부터 3개월 이상 지속될 수는 없다.[378]

이미 받은 금융투자업의 인가는 그 인가를 받은 날로부터 1년 이내에 그 인가를 사용하지 않거나 해당 금융투자회사가 투자자보상법상의 보장제도로부터 퇴출된 경우에는 자동으로 소멸된다.[379] 이와는 별도로 독일 연방금융감독당국(BaFin)은 행정절차에 따라 금융투자업의 인가를 취소할 수 있다.[380] 즉 (1) 금융투자업의 인가와 관련된 영업을 6개월 이상 하지 않은 경우 (2) 해당 금융투자회사가 개인 기업으로 운영되고 있는 경우 (3) 법정의 인가 거부가 명확한 경우 (4) 해당 금융투자회사에 파산절차가 개시되었거나 해당 금융투자회사가 그 채권자의 채무를 이행하지 못할 위험이 있고 법정의 다른 수단에 의해서도 이 위험을 회피할 수 없는 경우 (5) 해당 금융투자회사가 독일 관련법규정을 계속해서 위반한 경우가 그것이다. 다만 기술한 (3)-(5)의 경우 독일 연방금융감독당국(BaFin)은 해당 금융투자회사의 금융투자업을 취소하는 대신에 책임자의 업무를 정지시키고 그 해임을 요구할 수도 있다.[381]

---

374) German Banking Law §33.(3).
375) German Banking Law §33.(4).
376) German Banking Law §33.(5).
377) German Banking Law §33a.
378) German Banking Law §33a.sentence 2.
379) German Banking Law §35.(1).sentence 2.
380) German Banking Law §35.(2).
381) German Banking Law §36.(1).

1.3.3. 증권거래법상 인가 및 취소 등

먼저 독일증권거래법은 非회원국에 주소를 두고 있고 조직화되지 않은 시장이거나 다자간거래시스템(MTFs)이 구축되지 않는 시장의 금융투자업자가 독일증권거래소를 직접 접속하여 매매하려면 독일 연방금융감독당국(BaFin)으로부터 서면인가를 받아야 한다.[382]

그러나 인가를 신청한 이와 같은 금융투자업자에게 (1) 그 경영의 신뢰성이 없다는 증거가 있거나 (2) 만약 이와 같은 금융투자업자에게 독일증권거래소에 직접 접속하여 매매하도록 하는 것이 결과적으로는 독일 법규정을 충족시키지 못하는 금융투자업자에게 매매를 허용하는 것이 되거나 (3) 이와 같은 금융투자업자의 감독당국이 해당 시장의 감독 또는 투자자보호의 기준이 독일법제상의 그것과 동일한 정도가 되지 못하거나 (4) 이와 같은 금융투자업자의 감독당국이 감독상 필요한 정보를 독일 연방금융감독당국(BaFin)과 교환하기 어려운 경우에는 그 인가신청은 거부된다.[383] 또한 이와 같은 금융투자업자가 독일 연방금융감독당국(BaFin)으로부터 독일증권거래소에 직접 접속하여 매매하도록 서면인가를 받았더라도 독일 연방금융감독당국(BaFin)이 기술한 인가를 거부해야 하는 사실((1)-(4))을 알았거나 해당 금융투자업자가 지속적으로 독일증권거래법규정을 위반한다면 이미 받은 인가는 취소될 수 있다.[384]

1.4. 재무건전성

독일 역시 금융투자업의 자본금의 일반적인 범위는 다음과 같다. 즉 투자자문, 주문의 접수 및 전달업무, 주문의 실행 및 포트폴리오운용업무는 125,000유로의 자본금이 필요하나 고객자산에 대한 운용 및 보관업무를 하지 않는다면 50,000유로의 자본금이 필요하다.[385] 이외 조건

382) German Securities Trading Act §37i.(1).
383) German Securities Trading Act §37j.
384) German Securities Trading Act §37k.(1).
385) DIRECTIVE 2006/49/EC OF THE EUROPEAN PARLIAMENT AND OF THE COUNCIL of 14 June 2006 on the capital adequacy of investment

에 따라 25,000유로에서 730,000유로까지 최저자본금이 다양하다.[386]

독일법제상 예금수취업무를 할 수 없는 금융투자업자는 고객의 자금과 해당 금융투자업자의 자금을 분리해야 하며 고객 간의 자금 역시 분리해야 한다.[387] 이렇게 함으로서 금융투자회사의 재무를 건전하게 하고 아울러 고객자금의 안정성도 확보하려는 것으로 해석된다.

누구든지 의결권이 있는 금융투자회사주식을 3%, 5%, 10%, 15%, 20%, 25%, 30%, 50% 또는 75% 이상이나 이하가 되도록 취득하게 되면 그 취득일로부터 4거래일[388] 이내에 해당 금융투자자회사와 독일 연방금융감독당국(BaFin)에게 통지를 해야 한다.[389] 금융상품을 보유하는 경우에도 위와 동일한 통지의무가 부과된다.[390] 다만 금융상품은 3%를 보유하더라도 통지의무가 부과되지 않는다는 점에서는 금융투자회사주식의 취득과는 차이가 있다.[391] 이와 같이 통지의무를 이행하지 않으면 이 요건을 충족할 때까지 의결권은 상실된다.[392] 만약 통지의무의 위반이 고의 또는 중대한 과실로 인한 경우라면 최장 6개월까지 해당 의결권을 행사할 수 없게 된다.[393] 이에 대해 독일 연방금융감독당국(BaFin)

firms and credit institutions (recast) (이하 Capital Adequacy Directive 라 함) §5.1 & 5.2.

386) 예컨대 Capital Adequacy Directive §§8 & 9 참조.

387) German Securities Trading Act §34a.(1).

388) 다만 10% 이상을 보유하고 있는 적격보유자의 경우는 20거래일 이내에 통지하면 된다. German Securities Trading Act §27a.(1).

389) German Securities Trading Act §21.(1) & (1a). 기술한 지주비율을 취득한 자의 자회사가 해당 금융투자회사의 의결권이 붙은 주식을 취득하는 경우에도 기술한 지주비율에 해당하면 통지의무가 부과되는 것이 원칙이나 일정한 경우 예외가 인정되어 있다. German Securities Trading Act §22.(1).1 & (3a). 뿐만 아니라 기술한 지주비율에 따른 통지의무를 부담하는 자가 통합재무제표를 작성해야 하는 그룹에 소속된 경우라면 해당 그룹이 당해 통합재무제표를 작성하는 경우에도 해당 통지의무는 이행한 것이 된다. German Securities Trading Act §24.

390) German Securities Trading Act §25.(1).sentence 1.

391) Id.

392) German Securities Trading Act §28.sentence 1.

393) German Securities Trading Act §28.sentence 3.

은 기술한 통지의무를 이행했는지 또는 그 의무가 면제되는지에 대하여 지침을 설정할 수 있으며 만약 해당 지침이 설정되었다면 이 지침은 전자로 된 독일연방정부관보에 게재된다.[394]

한편 은행업과는 달리 금융투자업은 일정한 비율의 순매도포지션을 통지하도록 되어 있다. 즉 금융투자회사는 순매도포지션이 당해 회사의 발행주식 총수의 0.2% 이상이나 이하가 되면 이와 같은 순매도포지션의 보유자는 거래가 발생한 날의 다음 날까지 독일 연방금융감독당국(BaFin)에게 통지하도록 되어 있다.[395] 또한 순매도포지션 비율이 0.3%, 0.4% 또는 0.5% 이상 또는 이하가 되면 통지뿐만 아니라 그 사실은 전자로 된 독일연방정부관보에 게재된다.[396]

1.5. 지배구조

1.5.1. 일 반

금융투자업자는 법규정을 준수하도록 하는 회사지배구조의 조직이 되도록 해야 할뿐만 아니라 사업에 필요한 부분을 충족시킬 수 있도록 적절한 사업조직을 마련해야 한다.[397] 또한 금융투자업자가 대리상인 경우 해당 금융투자업자는 금융서비스를 제공할 때에 신뢰성요건 및 전문성요건 등의 조건을 충족시켜야 하고 실제로 금융서비스를 제공하기 전에 해당 금융소비자에게 당해 금융투자업자는 대리상이라는 것과 그 종료에 관한 내용도 통지해야 하고 이와 관련된 의무이행의 증거서류도 5년 이상 보관해야 한다.[398] 이외에도 금융투자회사는 당해 회사의 지배

394) German Securities Trading Act §29.

395) German Securities Trading Act §30i.(1).sentence 1. 이에 우리나라도 발행주식 총수에 대하여 순보유잔고비율이 -0.01% 이하로 하락하면 보고의무가 발생한다. 금융감독원, 「"공매도 포지션 보고제도"의 주요내용」(금융감독원, 2012.8), 7면.

396) German Securities Trading Act §30i.(1).sentence 2 & sentence 3.

397) German Securities Trading Act §33.(1).sentence 1; German Banking Law §25a.(1).sentence 1.

398) German Securities Trading Act §33.(1).sentence 1; German Banking Law

구조와 관련해서 특히 다음과 같은 의무가 부과되어 있다.[399] 즉 금융투자회사는 (1) 당해 금융투자회사 및 그 근로자가 법정의무를 준수하도록 하기 위해 적절한 정책을 마련하고 가용재원을 유지하고 필요한 절차를 마련해야 하며 특히 책임의 개별성과 관련하여 지속적이고 효과적인 준법기능을 창설해야 한다. (2) 금융투자업 및 그 부수업무의 수행 시 그 계속성 및 규칙성을 보장할 수 있는 적절한 장치를 마련해야 한다. (3)-(4) 당해 금융투자회사와 그 고객 또는 고객 간의 이해의 충돌을 확인하는 것과 이와 같은 이해충돌을 예방하기 위하여 지속적이고 효과적인 지배구조를 유지해야 한다. 이와 함께 당해 금융투자회사의 자문으로 통하여 관련 해당 거래의 이전이나 그 양 또는 수익이 계획되고 실행 및 감독이 되도록 해야 하는 것이다. (5) 고객으로부터의 불만사항을 합리적이고 즉각적으로 처리할 수 있는 효과적이고 투명한 절차를 마련해야 하고 해당 불만사항의 기록 및 그 해결을 위하여 취해진 조치에 관한 기록을 보관해야 한다. (6) 기술한 (1)과 관련하여 당해 금융투자회사의 경영진 및 감독기구는 정책, 재원 및 절차의 적절성 및 효율성에 관한 보고서를 최소한 1년에 1회 이상 정기적으로 준법감시기능을 맡은 근로자로부터 받아야 하며 특히 이 보고서에는 해당 위반을 제거하거나 그 위험을 방지하기 위하여 적절한 조치를 취했는지가 적시되어야 하는 것이다. (7) 당해 금융투자회사의 지배구조의 적절성 및 효율성을 감독 및 정기적으로 평가하고 부작용을 처리하기 위하여 필요한 조치를 취해야 한다. 이와 함께 당해 금융투자회사는 자신이 제공하는 금융투자서비스의 특성과 범위뿐만 아니라 당해 금융투자회사의 사업 자체의 특성, 규모, 복합성 및 위험도 고려하도록 함으로서 회사지배구조의 적정성을 확보하려는 것으로 해석된다.[400] (8) 금융투자회사의 책임자는 금융투자회사를 경영하고 이를 대표하기 위하여 법

§25a.(4).sentence 1 & sentence 2.

399) German Securities Trading Act §33.(1).sentence 2.

400) German Securities Trading Act §33.(1).sentence 3.

규정에 의하여 선임되는 것이 일반적이지만 일정한 경우 독일 연방금융감독당국이 금융투자회사 책임자의 해임요구 등의 제한을 받을 수 있다.[401)]

1.5.2. 경영위원회 및 감독위원회

독일은 금융투자업을 포함하여 상장회사는 그 지배구조의 방식을 (1) 경영위원회(Management Board) 및 감독위원회(Supervisory Board)와 (2) 전통적인 이사회 중에서 선택할 수 있도록 되어 있다.[402)] 먼저 경영위원회는 회사경영의 책임자이기 때문에 당해 회사의 내부정책 및 관련법령의 준수와 위험관리 등을 담당하고,[403)] 주주총회를 소집하게 된다.[404)] 이와 같은 경영위원회의 위원은 감독위원회가 선임, 감독 및 조언을 하고 경영위원회는 감독위원회에게 정기적으로 보고하도록 되어 있다.[405)] 하나 특이한 점은 경영위원회의 위원을 선임할 때에 다양성을 이유로 여성위원의 선임을 고려해야 하는 것이다.[406)] 또한 경영위원회의 위원의 선임권자가 감독위원회이기 때문에 보수도 감독위원회가 결정하고 회사와 이해의 충돌이 있으면 감독위원회에게 공개해야 한다.[407)] 다만 이와 같은 경영위원회의 위원은 3개 이상의 다른 회사의 감독위원회의 위원으로 겸직할 수는 없다.[408)]

다음으로 감독위원회는 경영위원회를 정기적으로 감독 및 조언하는 것이 주된 임무이다.[409)] 또한 감독위원회는 경영위원회의 위원을 직접 선임하기도 하지만 위원회에 위임할 수도 있다.[410)] 이에 따라 감독위원회

---

401) German Banking Law §1.(2).sentence 1 & 2.

402) Deutscher Corporate Governance Kodex (이하 German Corporate Governance Code라 함) §1.

403) German Corporate Governance Code §4.1.1, 4.1.3 & 4.1.4.

404) German Corporate Governance Code §2.3.1.

405) German Corporate Governance Code §§1 & 3.4.

406) German Corporate Governance Code §4.1.5. 그러나 그 구체적인 비율은 규정에 명시되어 있지 않다. Id.

407) German Corporate Governance Code §4.2.2 & 4.3.4.

408) German Corporate Governance Code §5.4.5.제1문단.

409) German Corporate Governance Code §5.1.1.

410) German Corporate Governance Code §5.1.2.

는 전문적인 지식이 있는 자로 각종 위원회를 구성해야 하며,[411] 이 중 감사(회계)위원회와 추천위원회는 반드시 설치를 해야 한다.[412] 여기서 감사(회계)위원회는 회계절차의 감독, 내부통제장치의 효율성, 위험관리시스템 등과 준법감시기능을 담당하게 되며 추천위원회는 감독위원회가 주주총회에 추천할 적임자를 추천하게 된다.[413] 특히 과거 2년 내에 경영위원회의 위원이었던 자는 독립성이 결여되기 때문에 감독위원회의 장은 될 수 없다.[414] 같은 이유로 감사(회계)위원회의 장은 감독위원회의 장을 겸직할 수 없는 것이다.[415] 이와 같은 감독위원회의 위원을 선정할 때에도 경영위원회의 위원선정과 동일하게 여성이 일정비율이 될 것을 요구하고 있다.[416] 특히 감독위원회는 그 위원의 독립성을 강하게 요구하고 있는데 만약 (1) 그 위원이 당해 금융투자회사, 그 집행부, 지배주주 또는 관련회사와 개인적이거나 사업적인 관계가 있거나 (2) 해당 금융투자회사와의 중요경쟁 회사의 이사 또는 비슷한 기능을 하는 자이거나 (3) 경영위원회의 위원이었던 자가 그 직이 종료한 후 2년이 경과하지 않았다면 감독위원회의 위원이 될 수 없는 것이 원칙이다.[417] 다만 감독위원회의 위원보수는 주주총회나 정관에 의해서 결정된다.[418] 한편 감독위원회의 각 위원은 이익충돌의 경우 감독위원회에게 통지해야 하고 감독위원회는 주주총회에 그 사실을 보고해야 하며,[419] 경영위원회나 감독위원회의 위원이 해당 금융투자회사의 주식 1%를 초과하여 취득하는 경우에도 그 사실은 보고된다.[420]

---

411) German Corporate Governance Code §5.3.1.
412) German Corporate Governance Code §5.3.2 & 5.3.3.
413) Id.
414) German Corporate Governance Code §5.3.2.
415) German Corporate Governance Code §5.2.
416) German Corporate Governance Code §5.4.1.제2문단.
417) German Corporate Governance Code §5.4.2 & 5.4.4.
418) German Corporate Governance Code §5.4.6.제1문단.
419) German Corporate Governance Code §5.5.2 & 5.5.3.
420) German Corporate Governance Code §6.3.

1.5.3. 내부통제장치 및 준법감시인

독일법제상 금융투자회사는 위험의 종류와 관련된 내부통제장치를 구비해야 한다.421) 이와 함께 금융투자회사는 그 지배구조의 적절성을 확보해야 하는데 그 방법 중의 하나로 근로자로 하여금 준법감시기능을 수행하도록 하는 것이다.422) 이에 따라 해당 금융투자회사의 근로자는 준법감시인의 역할을 하며 그 경영진에게 관련 보고까지 하도록 되어 있다.423) 다만 근로자가 준법감시기능을 시작하기 전에 그 상황이 독일 연방금융감독당국(BaFin)에게 보고되어야 하며 그 상황이 변경되면 그 사실도 지체 없이 독일 연방금융감독당국(BaFin)에게 보고하도록 되어 있다.424) 그러나 준법감시기능을 수행하는 근로자에게 이 기능을 수행할 정도의 전문성과 신뢰성이 없다면 독일 연방금융감독당국(BaFin)은 당해 금융투자회사가 해당 근로자에게 준법감시기능을 위임할 수 없도록 하고 있다.425) 또한 준법감시기능을 수행하고 있는 근로자가 이 기능을 수행하면서 독일 증권거래법의 규정을 위반한다면 독일 연방금융감독당국(BaFin)은 해당 금융투자회사 및 그 근로자에게 경고를 주거나 해당 금융투자회사에게 최대 2년까지 당해 근로자로 하여금 준법감기능을 하지 못하도록 명령을 발동할 수 있다.426) 뿐만 아니라 독일 연방금융감독당국(BaFin)의 위와 같은 제재에 대하여 이의나 소송을 제기하더라도 제재의 효과는 중단되지 않고 적시성이 보장되어 있다.427)

---

421) BaFin, “Homepage ▶ Supervision ▶ Banks & financial services providers ▶ Risk management,” at http://www.bafin.de/EN/Supervision/BanksFinancialServicesProviders/RiskManagement/riskmanagement_node.html (last visited Feb. 2, 2015).

422) German Securities Trading Act §33.(1).sentence 2.no.1.

423) German Securities Trading Act §34d.(3).sentence 1.

424) German Securities Trading Act §34d.(3).sentence 2 & sentence 3.

425) German Securities Trading Act §34d.(4).sentence 1.no.1.

426) German Securities Trading Act §34d.(4).sentence 1.no.2.

427) German Securities Trading Act §34d.(4).sentence 4. 독일 증권거래법에서도 제재의 적시성을 보장하는 규정을 두고 있다. 예컨대 German Securities Trading Act §§4.(7), 35.(3), 37t.(2), 37u.(1) 참조.

1.5.4. 임점검사

1.5.4.1. 일 반

독일은행법은 기술한 바와 같이 은행과 금융투자회사에게 모두 적용되기 때문에 금융투자회사에 대한 임점검사는 크게 독일은행법상의 임점검사와 독일증권거래법상의 임점검사로 구분할 수 있다. 이하 이를 차례대로 살펴보기로 한다.

1.5.4.2. 은행법상 임점검사

독일 연방금융감독당국(BaFin)은 그 이유에 제한 없이 금융투자회사에 대하여 임점검사를 실시할 수 있고 그 권한을 독일 중앙은행(DB)에 위임할 수 있다.[428] 이에 따라 독일 연방금융감독당국(BaFin)과 독일 중앙은행(DB) 및 독일 연방금융감독당국(BaFin)의 임점검사의 기능을 수행하는 자가 해당 금융투자회사에 출입하여 필요한 검사를 실시할 수 있는 것이다.[429]

금융투자회사의 통합감독에 포함되고 독일 외부에 주소를 둔 자 역시 독일 연방금융감독당국(BaFin)의 임점검사의 대상이 되나 이때는 독일 연방금융감독당국(BaFin)에 제공된 데이터의 정확성에 대한 확약(verification)이 임점검사의 중심이 된다.[430] 또한 금융투자회사를 지배하는 중간지주회사와 같은 중간금융그룹의 경우에도 독일 연방금융감독당국(BaFin)의 임점검사의 대상이 되나 변형되어 적용된다는 점에서 차이가 있다.[431]

이와 같은 임점검사는 다음과 같은 경우 금융투자회사에 대하여 10% 이상의 지분권을 취득하려고 보고하는 자, 실제 금융투자회사의 지분권을 10% 이상 보유하고 있는 자 및 이들과 제휴되어 있는 자에게

---

428) German Banking Law §44.(1).sentence 2 & (2).sentence 2.

429) German Banking Law §44.(1).sentence 2. 이와 같은 임점검사는 통상의 영업시간에 실시된다. German Banking Law §44.(1).sentence 2 & (2).sentence 2.

430) German Banking Law §44.(3).sentence 1. 그 자회사 역시 임점검사의 대상이 된다. German Banking Law §44.(3).sentence 2.

431) German Banking Law §44.(3a).

확대된다.[432] 즉 (1) 금융투자회사에 대한 지분권을 10% 이상 취득하려는 자가 신뢰성요건을 충족하지 못하거나 해당 금융투자회사의 건전한 경영을 위한 요건을 충족하지 못하거나 금융투자회사 주식의 취득자금이 형사범죄에 의하여 조달된 경우 (2) 지분권 취득의 대상이 되는 금융투자회사가 감독요건을 충족하지 못하거나 못할 우려가 있는 경우나 10% 이상의 금융투자회사 지분권의 취득으로 인하여 그 취득자와 해당 금융투자회사가 하나의 기업네트워크로 통합된 결과 주식의 교차보유나 경제적 투명성이 적절하지 못하기 때문에 해당 금융투자회사를 효과적으로 감독할 수 없거나 10% 이상의 금융투자회사 지분권을 보유하려는 자와 이 금융투자회사의 감독당국들과의 정보교환 및 책임배분이 효과적이지 못한 경우 (3) 금융투자회사 지분권의 10% 이상을 취득함으로써 해당 금융투자회사가 非회원국에 주소를 둔 금융투자회사의 자회사가 된 결과 효과적인 감독을 받을 수 없거나 독일 연방금융감독당국(BaFin)과 양호한 공조를 하지 못하는 경우 (4) 금융투자회사 지분권의 10% 이상을 취득하려는 자나 법인의 경우 장래의 책임자가 신뢰성요건 또는 전문성요건을 충족하지 못하는 경우 (5) 금융투자회사 지분권의 취득자금이 자금세탁이나 테러리스트자금에 의한 것이거나 이와 같은 형사범죄가 시도되었거나 이와 같은 위험의 유발을 악화시키는 경우 (6) 금융투자회사 지분권의 10% 이상을 취득하려는 자가 재무건전성요건을 충족시키지 못하는 경우 특히 금융투자회사의 자기자본 및 유동성과 관련된 일정한 요건을 이행할 수 없는 경우가 그것이다.

1.5.4.3. 증권거래법상 임점검사

독일 연방금융감독당국(BaFin)과 이의 위임을 받은 자는 감독의 목적상 필요한 경우 해당 금융투자회사의 재산 및 사업장을 방문하여 관련 정보 및 서류의 제출을 요구하는 것뿐만 아니라 관련자를 불러 질의

---

432) German Banking Law §44b.(1).sentence 1 & (2).sentence 2. 은행업 등을 위탁받은 자도 임점검사의 대상이다. German Banking Law §44.(1).sentence 2.

할 수도 있다.[433] 또한 공공안전 및 질서에 대한 급박한 위험을 방지하고 독일증권거래법을 위반한 증거가 있다면 비록 금융투자회사의 정규영업시간 이외라도 또는 사업장이 상업지역이 아닌 주거지역에 소재하더라도 임점검사를 할 수 있다.[434]

한편 외국의 금융감독당국이 요청하는 경우 독일 연방금융감독당국(BaFin)은 해당 금융투자회사에 대하여 임점검사를 하고 모든 관련정보를 전달하게 된다.[435] 또한 외국 금융감독당국의 요청이 있으며 독일 연방금융감독당국(BaFin)은 해당 외국 금융감독당국의 대리인으로 하여금 임점검사에 참여케 할 수 있고 일정한 경우 해당 외국의 금융감독당국이 임점검사를 직접 하게 할 수도 있다.[436] 그러나 독일 연방금융감독당국(BaFin)은 다음과 같은 경우에는 외국 금융감독당국의 임점검사의 요청을 거부할 수도 있다.[437] 즉 외국 금융감독당국의 임점검사의 요청이 독일의 주권, 안전보장 또는 공공질서에 부작용을 주거나 해당자에 대하여 동일한 사실로 이미 사법적인 절차가 개시되었거나 최종 판결이 난 경우가 그것이다. 다만 독일 연방금융감독당국(BaFin)이 외국 금융감독당국의 임점검사의 요청을 거부하는 경우에는 그 거부의 상세한 이유를 제공하면서 해당 외국 금융감독당국에게 통지해야 한다.[438] 이와 동일하게 독일 연방금융감독당국(BaFin) 역시 해당 외국의 금융감독당국에게 임점검사를 요청할 수 있다.[439] 다만 외국의 금융감독당국이 독일 연방금융감독당국(BaFin)의 임점검사의 요청을 적절한 이유 없이 거부하는 경우에는 독일 연방금융감독당국(BaFin)은 그 사실을 유럽증권감독위원회(Committee of European Securities Regulators: CESR)에 통보할 수 있다.[440]

---

433) German Securities Trading Act §4.(3).sentence 1 & 4.(4).sentence 1.
434) German Securities Trading Act §4.(4).sentence 2.
435) German Securities Trading Act §7.(2).
436) German Securities Trading Act §7.(2b).
437) German Securities Trading Act §7.(3).
438) German Securities Trading Act §7.(3).sentence 2.
439) German Securities Trading Act §7.(4).sentence 1.
440) German Securities Trading Act §7.(4).sentence 10.

1.6. 정보공개

금융투자회사의 의결권의 3%, 5%, 10%, 15%, 20%, 25%, 30%, 50% 또는 75% 이상이나 이하로 취득하는 자는 4거래일 내에 해당 금융투자회사 및 독일 연방금융감독당국(BaFin)에게 통지하도록 되어 있음은 기술한 바와 같다.[441] 이에 따라 해당 금융투자회사는 통지를 받은 날로부터 3거래일 내에 위 지주비율로 취득한 자의 정보를 발표해야 하는 것이다.[442] 이와 함께 해당 금융투자회사는 의결권의 증감에 따라 그 달의 말일까지 의결권의 총수를 발표하고 독일 연방금융감독당국(BaFin)에게도 그 사실을 통보해야 한다.[443]

한편 금융투자회사는 의결권과 관련된 정보공개 외에도 다음과 같은 일정한 정보도 공개해야 한다. (1) 금융투자회사가 주식 등의 거래를 완료한 후에는 실거래 시간을 기준으로 거래조건, 그 거래량 및 당시 시장가격을 발표하도록 되어 있다.[444] (2) 주식을 발행하는 금융투자회사는 연차[445] 및 반기[446] 재무보고서를 준비해서 일반대중이 이용할 수 있도록 해야 하며 이와 동시에 독일 연방금융감독당국(BaFin)에게도 통지해야 하는 것이다.[447] 이와 함께 금융투자회사는 중간경영명세서도 일반대중이 이용할 수 있도록 공개해야 하며 그 시기와 이를 이용할 수 있는 해당 웹사이트도 발표되도록 되어 있다.[448]

---

441) German Securities Trading Act §21.(1).sentence 1.
442) German Securities Trading Act §26.(1).sentence 1.
443) German Securities Trading Act §26a.sentence 1.
444) German Securities Trading Act §31h.(1).
445) 이와 같은 연차재무보고서에는 최소한 연차재무제표, 경영보고서, 독일회사법상 요구되는 명세서 및 회계감사의 등록증명서 또는 등록면제증명서가 포함되어야 한다. German Securities Trading Act §37v.(2).
446) 이와 같은 반기재무보고서에도 요약재무제표, 중간경영보고서 및 독일회사법상 요구되는 명세서가 최소한 포함되어야 한다. German Securities Trading Act §37w.(2). 여기서 요약재무제표에는 요약대차대조표와 요약손익계정이 포함되어야 하며, 중간경영보고서에는 주요사건 및 그 영향력이 적시되어야 한다. German Securities Trading Act §37w.(3) & (4).
447) German Securities Trading Act §§37v.(1) & 37w.(1).
448) German Securities Trading Act §37x.(1).

만약 금융투자회사를 자회사로 두고 있는 모회사가 통합재무제표 및 그룹경영보고서를 준비해야 할 의무가 있다면 당해 모회사가 자신 및 그 자회사인 금융투자회사의 반기재무보고서를 준비하고 발표해야 한다.[449] 이와 같이 일반대중으로 하여금 정보를 이용하게 했다면 해당 정보는 공정하고 명백하며 오해의 소지가 없어야 한다.[450] 따라서 내부정보의 누락이 주식발행인의 고의 또는 중대한 과실로 발생했다면 이로 인한 제3자의 손해를 배상해야 하는 것이다.[451]

1.7. 규제 및 감독의 공조

금융투자업에 대한 규제 및 감독의 공조는 크게 국내공조와 국외공조로 대별해서 살펴보기로 한다. 먼저 국내공조는 다음과 같다. 독일 개별 州의 증권감독기관은 내부자거래 및 시세조종(주가조작)이 금지되도록 하기 위하여 독일 연방금융감독당국(BaFin)을 대신하여 비상조치를 취해야 한다.[452] 이와 관련하여 독일 개별 州의 증권감독기관들은 그 감독기능을 수행하기 위하여 개인데이터를 포함한 의견 및 답신을 서로 교환하도록 되어 있으며,[453] 독일 연방금융감독당국(BaFin)과 독일 개별 州의 증권감독기관 간에도 동일하다.[454] 또한 독일 연방금융감독당국(BaFin)은 금융투자회사가 일정한 보고요건 및 행위지침을 준수하고 있는지 감독을 해야 하고 이에 관하여 지침을 발행할 수 있는데 이 때 이 지침을 발행하기 전에 독일 중앙은행(DB) 및 각종 경제단체의 중앙회와 협의를 하도록 되어 있다.[455] 물론 독일 연방금융감독당국(BaFin)이 해당 금융투자회사의 회계와 관련하여 형사범죄의 혐의가 있는 사실을 발

449) German Securities Trading Act §37y.no.2.
450) German Securities Trading Act §31.(2).sentence 1.
451) German Securities Trading Act §§37b.(1)-(2) & 37c.(1)-(2).
452) German Securities Trading Act §6.(1).sentence 1.
453) German Securities Trading Act §6.(2).
454) German Securities Trading Act §37r.(2).sentence 2.
455) German Securities Trading Act §35.(4).

견하게 되면 그 사실을 검찰당국에게 보고해야 한다.[456]

국내공조에 이어 국외공조는 다음과 같다. 독일 연방금융감독당국(BaFin)은 금융투자회사를 감독하기 위하여 회원국의 감독당국과 유럽경제공동체의 협정에 조인한 국가의 감독당국과 공조할 책임이 있기 때문에[457] 이들 국가의 감독당국이 공조요청을 해 오면 독일 연방금융감독당국(BaFin)은 이들과 공조하기 위하여 법규정이 허용한 모든 권한을 행사할 수 있는 것이다.[458] 이에 따라 이들 국가의 감독당국이 독일 연방금융감독당국(BaFin)에게 특정거래의 정지 등을 요청해 오면 해당 거래가 투자자의 이익 또는 시장질서를 심각하게 침해하는 경우에 해당된다면 독일 연방금융감독당국(BaFin)은 해당 거래를 금지하거나 정지를 명령을 내릴 수도 있는 것이다.[459] 또한 독일 연방금융감독당국(BaFin)이 이들 국가의 공조요청을 받으면 직접 금융투자회사 등을 조사하거나 이들 국가의 감독당국이 직접 조사를 하게 할 수도 있다.[460] 그러나 이들 국가의 공조요청이 있으면 독일 연방금융감독당국(BaFin)이 무조건 따라야 하는 것은 아니다.[461] 즉 이들 국가의 공조요청이 독일의 주권, 국가안전 및 공공질서에 부정적인 영향을 주거나 관련 자에 대하여 동일한 사실로 사법절차가 이미 진행되었거나 이미 최종 결정이 난 경우라면 거부될 수 있다. 다만 독일 연방금융감독당국(BaFin)이 이들 국가의 공조를 거부하는 경우에는 그 거부이유를 통지하도록 되어 있다.[462] 독일 역시 이들 국가에 대하여 기술한 내용의 공조를 요청할 수 있으며 아무런 이유 없이 공조를 거부하면 유럽증권감독위원회에 그 사실을 통보할

456) German Securities Trading Act §37r.(1).sentence 1.
457) German Securities Trading Act §7.(1).sentence 1.
458) German Securities Trading Act §7.(1).sentence 2.
459) German Securities Trading Act §7.(1).sentence 3. 다만 이 경우에도 독일 주식교환법(Exchange Act)을 위반할 수는 없다. German Securities Trading Act §7.(1).sentence 4.
460) German Securities Trading Act §7.(2) & (2b).
461) German Securities Trading Act §7.(3).sentence 1.
462) German Securities Trading Act §7.(3).sentence 2.

수 있다.463) 이와 함께 독일 연방금융감독당국(BaFin)은 非회원국과도 공조를 할 수 있으며 정보교환협정을 체결하여 공조를 할 수 있다.464) 또한 금융투자회사는 거래와 관련하여 해당 법규정을 위반할 우려가 있는 경우 독일 연방금융감독당국(BaFin)에게 통지할 의무가 있고 이와 함께 이와 같은 보고를 받은 독일 연방금융감독당국(BaFin)도 해당 외국의 감독당국에게 그 사실을 전달하도록 되어 있다.465) 이와 관련하여 금융투자회사가 독일에 지점을 설치하려면 해당 지점에 적용될 권리 및 의무에 관한 사항을 독일 연방금융감독당국(BaFin)에게 통지해야 한다.466) 이에 따라 독일 연방금융감독당국(BaFin)은 해당 지점이 이 의무규정을 준수하고 있지 않다면 그 시정을 지점을 설치한 금융투자회사에게 요구하도록 되어 있다.467) 그러나 독일 연방금융감독당국(BaFin)의 시정요구를 받음에도 불구하고 이를 시정하지 않으면 독일 연방금융감독당국(BaFin)은 그 시정을 위해 필요한 모든 조치를 발동하고 해당 국가의 감독당국에게 그 사실을 통지하게 된다.468) 추가로 독일 연방금융감독당국(BaFin)은 감독상 필요하다면 해당 지점을 설치한 금융투자회사에게 독일 내에서 추가적인 거래를 금지할 수도 있다.469) 이와 같이 독일 연방금융감독당국(BaFin)이 기술한 제재조치를 취했다면 그 사실을 유럽공동위원회(Commission of European Communities)에게 통지해야 한다.470) 끝으로 독일 연방금융감독당국(BaFin)은 회계규정의 위반과 관련된 수사권이 있는 외국의 감독당국과도 공조를 해야 하며 필요한 경우 이들과 관련정보를 교환할 수 있고 국제회계기준의 통일적인 실행을 위해서도 해당 국가의 감독당국과 공조할 수 있다.471)

463) German Securities Trading Act §7.(4).sentence 9.
464) German Securities Trading Act §7.(7).sentence 1.
465) German Securities Trading Act §10.(1) & (2).
466) German Securities Trading Act §36a.(1).
467) German Securities Trading Act §36a.(2).sentence 2.
468) German Securities Trading Act §36a.(2).sentence 3.
469) German Securities Trading Act §36a.(2).sentence 5.
470) German Securities Trading Act §36a.(2).sentence 6.
471) German Securities Trading Act §37s.(1) & (2).

2. 프랑스 금융투자업규제의 주요내용

2.1 금융투자업의 개념

프랑스법제상 금융투자업이라 함은 법정 금융상품[472]과 관련된 서비스업무와 이에 부수된 업무로서 다음과 같다.[473] (1) 제3자를 위한 주문의 인수 및 전송업무 (2) 제3자를 위한 주문의 실행업무 (3) 자기계정에 의한 거래 (4) 제3자를 위한 자산운용업무 (5) 투자자문업무 (6) 인수업무 (7) 원금보장투자업무 (8) 원금非보장투자업무 (9) 다자간거래시스템 운영업무 (10) 제3자를 위한 금융상품의 보관 또는 관리업무와 그 관련 서비스업무 (11) 금융상품과 관련된 거래의 실행을 위한 신용공여나 대출업무 (12) 인수 및 합병에 관한 자문서비스업무뿐만 아니라 자본구조, 산업전략 및 이와 관련된 사항에 대한 자문서비스업무 (13) 금융상품의 거래에 관한 투자분석이나 재무분석, 또는 기타 일반적인 의견을 제시하는 업무 (14) 인수와 관련된 서비스업무 (15) 외환서비스업무 (16) 금융선물계약의 계약조건과 관련된 투자서비스나 이에 부수된 업무가 그것이다.

2.2. 규제 및 감독의 원칙

금융투자업의 규제 및 감독의 원칙을 명문으로 규정한 프랑스의 법규정은 없다. 그렇다고 하여 그 원칙이 존재하는 것은 아닐 것이다. 따라서 여러 규정에서 추론해 본다면 그 원칙은 다음과 같다고 해석된다. 즉 프랑스법제상 금융시스템의 건전성에 관한 사항이라면 금융업종(은행

472) 여기서 법정 금융상품이라 함은 첫째 주식회사가 발행한 지분증권, 부채증권과 집합투자기구를 위하여 인수한 단위나 주식을 포함하는 금융증권 둘째 금융선물계약을 의미한다. Monetary and Financial Code §L.211-1. 구체적인 금융선물계약은 시행령에서 정해진다. Monetary and Financial Code §L.211-1-Ⅲ.

473) Monetary and Financial Code §§L.531-1, L.321-1 & L.321-2.

업, 증권업을 포함한 금융투자업 및 보험업)에 상관없이 프랑스 건전성감독기관(ACP)이 감독하기 때문에 금융업의 규제 및 감독에 있어서 그 건전성을 최우선의 원칙으로 삼고 있다고 할 수 있을 것이다.[474] 한편 건전성 이외의 사항에 대하여는 프랑스 금융시장감독기관(Autorité des Marchés de Financiers; Financial Markets Authority: AMF)이 금융투자업의 규제 및 감독을 담당하고 있다. 이에 따라 프랑스 금융시장감독기관(AMF)은 주로 (1) 관련 규정을 정하고 (2) 인가여부 등의 결정[475] (3) 감독 (4) 수사 및 검사(임점검사 포함) (5) 중재 등의 업무를 담당하고 있다.[476] 따라서 프랑스법제도 건전성을 기반으로 여러 가지 규제(예컨대 행위규제 등)를 하는 점에 있어서는 다른 국가와 별반 다르지 않다고 할

474) Monetary and Financial Code §L.612-1.제1문단. 다만 프랑스 건전성감독기관(ACP)의 홈페이지에는 금융투자업(증권업포함)에 대한 감독 여부에 대한 언급은 없고 은행업과 보험업을 감독한다고 되어 있다. ACPR, "Home 〉 ACPR 〉 About the ACPR," at http://acpr.banque-france.fr/en/acpr/about-the-acpr .html (last visited Jan. 23, 2015). 그러나 기술한 바와 같이 '건전성'에 관한 감독이라면 프랑스 건전성감독기관(ACP)가 담당하기 때문에 증권업(금융투자업 포함)도 이의 감독대상이 된다.

475) 금융투자업의 인가여부가 프랑스 금융시장감독기관(AMF)에 의하여 단독으로 결정되는 것은 아니지만 이 기관의 의견에 따라 프랑스 건전성감독기관(ACP)이 인가서를 발부하기 때문에 프랑스 금융시장감독기관(AMF)이 인가여부를 결정한다고 한 것임을 밝혀 둔다. AMF, "Participants & products▶Financial services providers & Crowdfunding▶Investment services providers," at http://www.amf-france.org/en_US/Acteurs-et-produits/Prestataires-financiers/Prestataires-de-services-d-investissement.html (last visited Dec. 22, 2014). 그러나 분명한 것은 이들 기관의 승인을 모두 받아야 한다. 참고로 기술한 두 감독기관 외에도 회계감독기관(Haut Conseil du Commissariat aux Comptes: H3C)이 더 있다. International Monetary Fund, 「IMF Country Report No. 13/182: France Financial Sector Assessment Program-Detailed Assessment of Observance of IOSCO Objectives and Principles of Securities Regulation」 6 (2013). 그러나 프랑스 회계감독기관(H3C)은 직접적인 강제력이 부족하다는 비판이 제기되고 있다. Id. at 4.

476) Monetary and Financial Code §L.621-1.제1문단; AMF, "The AMF▶Duties & powers▶Who we are," at http://www.amf-france.org/en_US/L-AMF/Missions-et-competences/Presentation.html (last visited Dec. 22, 2014).

수 있을 것이다.[477]

2.3. 인가 및 취소 등

금융투자업은 프랑스 건전성감독기관(ACP)의 인가를 받기 전에 프랑스 금융시장감독기관(AMF)으로부터 먼저 승인을 받아야 하며 이후 프랑스 건전성감독기관(ACP)은 다음과 같은 사항을 확인 및 인가하도록 되어 있다.[478] 인가를 신청한 금융투자회사가 (1) 프랑스 내에 등록된 사무소 및 효과적인 경영체제를 구축하고 있는지 여부 (2) 적절한 초기자본과 적절하고 적당한 금융재원을 확보하고 있는지 여부 (3) 금융투자회사에 대하여 적격지분권(10%[479])을 보유한 주주나 개인 또는 법인 및

477) 프랑스는 금융업종을 불문하고 그것이 금융시스템의 건전성에 관한 사항이라면 프랑스 건전성감독기관(ACP)이 감독하고 금융투자업의 행위규제는 프랑스 금융시장감독기관(AMF)이 담당하기 때문에 이론적으로는 그 권한 구분이 되나 실제로는 다음과 같은 이유로 그 구분이 쉽지 않을 것으로 판단된다. 첫째 프랑스 금융시장감독기관(AMF)이 그 감독권한을 행사할 때에 유럽연합(EU) 및 유럽경제지역(EEA)의 금융'건전성'이라는 목표를 고려한다는 규정을 두고 있기 때문에(Monetary and Financial Code § L.621-1.제2문단) 이들 감독기관의 권한구분이 명확하지 않을 수도 있는 것이다. 둘째 금융규제는 건전성규제와 행위규제로 대별할 수 있지만 원론적으로는 행위규제 역시 건전성규제를 바탕으로 이루어지는 것이기 때문에 건전성규제와 무관한 행위규제는 사실상 기대하기 어렵다는 점에서도 이들 감독기관의 권한 구분은 쉽지 않을 것이다. 추측컨대 이런 이유로 2010년에 프랑스 금융시장감독기관(AMF)과 프랑스 건전성감독기관(ACP)이 공동기구(Joint Unit)를 마련한 바 있다. AMF, "The AMF▶Duties & powers▶Who we are," at http://www.amf-france.org/en_US/L-AMF/Missions-et-competences/Presentation.html (last visited Dec. 22, 2014). 그러나 공동기구가 마련되었음에도 불구하고 여전히 규제 및 감독의 적시성은 확보되기 어려울 것으로 판단된다. 그 이유는 금융업종별로 감독기관이 별도로 있는 경우에도 규제 및 감독의 적시성에는 늘 문제가 있어 왔는데 프랑스는 여기서 한 걸음 더 나아가 금융투자업에 대한 개별 감독기관이 있음에도 불구하고 또 다시 금융업종을 불문한 건전성감독기관이 있기 때문이다(개별감독기관 v. 건전성감독기관).

478) Monetary and Financial Code §L.532-2.

479) International Monetary Fund, 「IMF Country Report No. 13/182: France Financial Sector Assessment Program-Detailed Assessment of Observance of IOSCO Objectives and Principles of Securities Regulation」 137 (2013).

각 보유 금액의 적시여부와 특히 주주인 경우 당해 금융투자회사의 건전한 경영의 확보를 위한 해당 주주 지위의 평가 여부 (4) 평판이 양호하고 경력이 있는 2명[480] 이상의 개인에 의하여 효과적으로 경영되고 있는지 여부 (5) 해당 업무의 제공방법, 거래형태 및 당해 금융투자회사의 조직구조에 관한 영업계획의 존재 여부 (6) 투자자를 보호하기 위하여 프랑스 보장기금에 의하여 운영되는 기구에 소속되어 있는지 여부가 그것이다. 다만 프랑스 건전성감독기관(ACP)은 당해 금융투자회사의 재무구조의 균형을 유지하기 위하여 인가 시 특별한 조건을 붙일 수 있다.[481] 이렇게 붙여진 조건의 변경은 프랑스 건전성감독기관(ACP)의 사전 승인이 있어야만 가능하다.[482] 그러나 다음의 경우 프랑스 건전성감독기관(ACP)은 그 인가를 거부할 수 있다.[483] 첫째 금융투자회사에 대한 프랑스 건전성감독기관(ACP)의 감독기능이 당해 금융투자회사의 지분관계 또는 당해 금융투자회사와 기타 자연인이나 법인간의 직·간접적인 지배관계로 인하여 침해받을 염려가 있는 경우, 둘째 유럽경제지역협정(EEAA)이 적용되지 않는 국가의 법규정으로 인하여 프랑스 건전성감독기관(ACP)의 감독기능이 침해될 염려가 있는 경우에 인가가 거부될 수 있는 것이다.

한편 인가를 받은 후라도 다음의 경우에는 그 인가가 취소 등으로 소멸된다.[484] 첫째 인가를 받은 금융투자회사가 프랑스 건전성감독기관(ACP)에게 이미 받은 인가의 철회를 요청한 경우 프랑스 건전성감독기관(ACP)이 인가의 철회를 공포함으로서 인가의 효력은 소멸된다. 둘째 다음의 경우에는 인가의 효력이 자동적으로 소멸된다. ㈎ 인가받은 금

---

480) 포트폴리오운용회사의 경우에는 1명인 경우에도 가능하다. Monetary and Financial Code §L.532-2.제1문단.no. 4.

481) Monetary and Financial Code § L.532-2.제2문단. 또한 이렇게 인가에 붙여진 조건은 항상 충족되어야 한다. Monetary and Financial Code §L.532-2.제4문단.

482) Monetary and Financial Code §L.532-3-1.제1문단.

483) Monetary and Financial Code §L.532-2.제3문단.

484) Monetary and Financial Code §§L.532-6.제1문단 & L.500-1.

융투자회사가 인가요건을 충족하지 않는 경우 (나) 인가받은 후 12개월 동안 해당 금융투자회사가 그 인가를 사용하지 않은 경우 (다) 인가받은 후 6개월 동안에 영업을 하지 않은 경우 (라) 허위의 사실이나 기타 부적절한 수단을 이용하여 인가를 받은 경우가 이에 해당된다. 셋째 과거 10년 동안 금융투자회사를 포함한 금융회사 및 그 지주회사 등의 경영, 관리나 그 지배조직의 구성원으로 활동 중인 자가 금융투자업무 등을 수행하다가 형사범죄의 최종판결을 받거나 파산 등으로 인하여 사면 없이 6개월 이상의 구금되거나 공직 또는 법정직에서 면직의 결과를 발생시키는 최종판결을 받았다면 더 이상 금융투자업자가 될 수 없고 해당 금융투자업무를 중단해야 한다.

2.4. 재무건전성

프랑스법제상 금융투자회사의 최저자본금은 그 구체적인 업종에 따라 다음과 같은 차이가 있다.[485] (1) 투자자문, 주문의 접수 및 전달업무, 주문의 실행 및 포트폴리오운용업무는 125,000유로가 최저자본금으로 요구되나 고객자산을 운용(보관)하는 업무를 제외한다면 50,000유로의 최저자본금만 있으면 된다. (2) 금융투자회사가 자기계정으로 거래하거나 인수 등을 하게 되면 1,100,000유로의 최저자본금이 필요하나 고객의 자산을 운용(보관)하지 않는다면 최저자본금은 730,000유로로 줄어든다. (3) 금융투자회사의 상환의무가 없는 한 다자간 거래시스템의 운영업무를 하려면 최저자본금은 730,000유로가 필요하다.

또한 금융투자회사가 상장회사라면 그 지분의 1/20, 3/20, 1/10, 3/10, 1/5, 1/4, 1/3, 1/2, 2/3, 18/20 또는 19/20% 이상을 취득하는 자는 당해 금융투자회사에게 통지를 해야 한다.[486] 따라서 이와 같은 통

485) AMF General Regulation §311-1A.Ⅵ.1; International Monetary Fund, 「IMF Country Report No. 13/182; France: Financial Sector Assessment Program-Detailed Assessment of Observance of IOSCO Objectives and Principles of Securities Regulation」 137 (2013).

486) Monetary and Financial Code §L.451-2; French Commercial Code

지를 하지 않으면 그 초과된 부분에 대하여는 의결권을 행사할 수 없다.[487] 이 비율 중 10%, 15%, 20% 또는 25%를 초과하여 취득하는 자는 그 취득의 목적을 당해 금융투자회사와 프랑스 금융시장감독기관(AMF)에게 통지할 의무가 있으며 이와 같은 통지를 하지 않으면 그 초과된 부분의 의결권을 행사할 수 없게 되는 것이다.[488]

2.5. 지배구조

2.5.1. 일 반

프랑스법제상 금융투자회사는 다음과 같은 내용이 그 지배구조에 반영되어야 한다.[489] (1)-(2) 해당 법규정을 준수할 수 있도록 하는 당해 금융투자회사의 규정 및 절차, (3) 고객의 이익충돌의 방지를 위한 모든 합리적인 장치, (4) 금융투자업의 계속성 및 정기성을 확보할 수 있는 재원 및 절차를 위한 합리적인 장치, (5) 프랑스 금융시장감독기관(AMF)이 감독할 수 있도록 하기 위해 모든 거래의 기록보관 및 (6)-(7) 금융상품 및 펀드에 있어서 고객의 권리보호가 그것이다.

2.5.2. 이사회 등

2.5.2.1. 이사회 의장과 최고경영자

우선 금융투자업회사는 지배구조의 형태로 종전 이사회 단일체제 또는 감독위원회 및 경영위원회로 구성되는 이중체제 중에서 선택하면 된다.[490] 이에 따라 이사회의 단일체제를 선택하는 경우에도 이사회의

---

§§L233-7-Ⅰ & L233-13. 그 비율의 감소의 경우에도 동일하게 통지해야 한다. Id.

487) Monetary and Financial Code §L.451-2; French Commercial Code §L233-14. 청약의 경우에도 그 사실이 프랑스 금융시장감독기관(AMF)에게 통지되지 않으면 의결권은 상실된다. Monetary and Financial Code §L.433-3-I.

488) International Monetary Fund, 「IMF Country Report No. 13/182; France: Financial Sector Assessment Program-Detailed Assessment of Observance of IOSCO Objectives and Principles of Securities Regulation」 101 (2013).

489) Monetary and Financial Code §L.533-10.

490) Corporate Governance Code of Listed Corporations (이하 French Corporate

의장과 최고경영자(CEO)의 겸직 여부를 선택할 수 있으며 만일 이사회의 의장과 최고경영자(CEO)를 분리하는 경우에는 각각의 업무가 명시될 것을 요구하고 있다.[491]

2.5.2.2. 이사회의 구성

프랑스법제의 경우 이사회의 구성은 크게 다음과 같이 이사의 성별 균형과 독립성을 강하게 요구하고 있다. 먼저 이사 중 여성의 비율은 2016년까지 최소한 40% 이상은 되어야 하며 이사의 총수가 9명 미만인 경우에는 성별에 따른 이사 수의 차이는 2명을 초과할 수 없게 되어 있다.[492] 다음으로 이사의 독립성이라 함은 당해 금융투자회사와 어떤 종류의 관련성도 없음을 의미하고 있기 때문에 원칙적으로 非상임이사가 이에 해당된다.[493] 이와 같은 독립이사는 이사회에서 그 비율이 최소한 1/3 이상일 것을 요구하고 있으며 독립이사의 자격은 이사회에서 매년 심의되고 있고 그 독립성의 기준은 다음과 같다.[494] (1) 과거 5년 동안 당해 금융투자회사의 근로자, 상임이사 또는 당해 금융투자회사의 모회사의 근로자나 이사인 적이 없는 경우 (2) 과거 5년 동안 당해 금융투자회사가 직·간접적으로 (법인)이사직을 가지고 있는 회사에 대해 상임이사로 활동한 적이 없거나 당해 금융투자회사의 근로자나 상임이사가 이사로서 활동하는 회사에 대해 상임이사로 활동한 적이 없는 경우 (3) 당해 금융투자회사나 그 그룹에 중요한 고객, 재화나 용역의 공급자 또는 투자은행이나 상업은행이어서는 아니 된다. 다만 상임이사라 할지라도 당해 금융투자회사 이사회의 의장이 기술한 (1)-(3)에 의하여 독립성을 인정할 수도 있다.[495] 이런 기준에 의하여 선임된 금융투자회사의 이사는 그 임기가 회사의 정관에 의해서 정해지는 것이 원칙이나 4년을

Governance Code라 함) §3.1.제1문단.

491) French Corporate Governance Code §3.1.제2문단.

492) French Corporate Governance Code §6.4.

493) French Corporate Governance Code §9.1.

494) French Corporate Governance Code §§9.2.제2문단, 9.3.제1문단 & 9.4.

495) French Corporate Governance Code §9.4.제3문단.

초과할 수 없으며 이사의 업무의 효율성을 위해 그 교체시기도 다르게 운영되고 있다.[496] 이와 함께 금융투자회사의 이사는 상임이사인 경우라면 2개 이상의 상장회사의 상임이사가 될 수 없으며 非상임이사인 경우라면 4개 이상의 상장회사의 非상임이사는 될 수 없다.[497]

2.5.2.3. 각종 위원회 및 감사

금융투자회사의 이사회가 각종 위원회를 구성(인원 및 구조 포함)하고 이들 위원회 간의 겸직은 금지되어 있다.[498] 특히 회계위원회와 이사선임 또는 지명위원회는 반드시 설치되어야 한다.[499] 이중 회계위원회의 위원은 금융이나 회계의 전문가이면서 2/3 이상이 독립이사로 구성되어야 한다.[500] 이에 반해 이사선임 또는 지명위원회는 독립이사가 1/2 이상만 되면 충분한 것으로 해석된다. 그 이유는 이사선임 또는 지명위원회가 보상위원회와 같을 수도 있고 다를 수도 있는데[501] 만약 이들 위원회가 동일하다면 독립이사의 비율도 동일해야 하고 현재 보상위원회의 독립이사는 그 비율이 1/2 이상이라고 규정하고 있기 때문이다.[502] 다만 이사회의 의장과 최고경영자(CEO)가 분리되어 있다면 이사회의 의장도 이사선임 또는 지명위원회의 위원은 될 수 있으나 이 위원회의 위원장은 원칙적으로 될 수 없다.[503] 또한 보상위원회의 경우도 독립이사가 1/2 이상이 되어야 하며 그 위원장은 독립이사가 되도록 하였다.[504] 한편 프랑스법제상 금융투자회사는 2명 이상의 감사를 선임해야 한다.[505]

---

496) French Corporate Governance Code §14.제1문단과 제2문단.

497) French Corporate Governance Code §19.

498) French Corporate Governance Code §15.

499) French Corporate Governance Code §§16 & 17.

500) French Corporate Governance Code §16.1.

501) French Corporate Governance Code §17.

502) French Corporate Governance Code §18.1.

503) French Corporate Governance Code §17.2.2.제1문단. 이와 같이 이사회의 의장이 이사선임 또는 지명위원회의 장이 될 수 없는 이유는 독립성이 결여되어 있기 때문이다. Id.

504) French Corporate Governance Code §18.1.

505) Monetary and Financial Code §511-38.제1문단. 다만 대차대조표가 일정 금

이렇게 선임된 감사는 주주총회에 회계감사보고서를 제출하거나 주주총회가 개최되지 않은 경우에는 이사회에 특별보고서를 제출하여 승인을 받아야 한다.[506] 프랑스법제상 금융투자회사의 감사 역시 해당 금융투자회사에 대하여 독립될 것을 요구하고 있다.[507]

2.5.3. 내부통제장치 및 준법감시인

프랑스법제상 금융투자회사는 해당 법규정을 위반할 위험과 관련 위험을 색출하기 위하여 그리고 이들 위험을 완화하기 위하여 적절한 영업전략, 절차 및 수단을 마련하고 유지하기 위한 내부통제장치를 마련해야 한다.[508] 이와 함께 해당 법규정을 준수하고 있는지 감시 또는 감독하기 위하여 준법감시인이 이사회에서 선임되며,[509] 준법감시인의 업무의 독립성은 보장되도록 규정하고 있다.[510]

2.5.4. 임점검사

프랑스 금융시장감독기관(AMF)은 감독의 목적상 금융투자회사 또는 관련자를 검사 및 조사하게 되어 있다.[511] 이때의 검사에는 서면검사(off-site examination)뿐만 아니라 임점검사(on-site inspection)도 포함되며 임점검사와 관련해서 특정의 요청을 받은 자는 관련된 모든 정보와 문서 및 증빙서류를 제공해야 하는 것이다.[512] 이에 따라 프랑스 내에 지점을 두고 있는 금융투자회사의 회원국 감독당국도 직접 또는 그

액 이하인 경우에는 1명의 감사만 선임할 수 있다. Monetary and Financial Code §511-38.제2문단.

506) Monetary and Financial Code §L.511-39.제2문단.

507) Monetary and Financial Code §L.511-38.제3문단.

508) AMF General Regulation §313-1.

509) AMF General Regulation §§313-3 & 313-4.

510) 예컨대 AMF General Regulation §§313-2 & 313-3 참조.

511) Monetary and Financial Code §L.621-9-I; AMF General Regulation §143-1.

512) AMF General Regulation §143-2.제2문단. 프랑스법제에서는 임점검사를 on-site inspection이라고 표현하기도 하고 on-the-spot inspection이라고도 혼용해서 사용하고 있다. 예컨대 Monetary and Financial Code §§L.632-2 & L.632-5.제1문단 참조.

권한을 위임해서 해당 지점에 대하여 임점검사를 실시할 수 있다.[513] 이때 임점검사를 통하여 발견된 사실은 프랑스 금융시장감독기관(AMF)에게 통지해야 하고 이 통지를 받은 프랑스 금융시장감독기관(AMF)은 그 내용을 프랑스 건전성감독기관(ACP)에게 통지하도록 되어 있다.[514] 또한 회원국 감독당국의 요청에 의하여 관련 자료에 대하여 확약(verification)을 해 줄 때에도 프랑스 금융시장감독기관(AMF)와 프랑스 건전성감독기관(ACP)은 공동으로 하는 게 원칙이다.[515] 그러나 외국 감독기관의 요청을 받았다고 해서 프랑스 금융시장감독기관(AMF)은 무조건 임점검사를 해야 하는 것은 아니며 (1) 요청된 임점검사가 프랑스의 주권, 안전보장 또는 공공질서를 침해할 우려가 있거나 (2) 동일한 사실 및 사람에 대하여 프랑스 내에서 이미 형사재판이 개시되었거나 (3) 이미 최종결정이 내려진 경우에는 임점검사의 요청을 거부할 수도 있다.[516]

2.6. 정보공개

프랑스법제상 금융투자회사는 자신의 고객의 이익을 위하여 신뢰성 있고 공정하고 전문성 있는 방법으로 업무를 수행해야 한다.[517] 이에 따라 고객에게 전달되는 모든 정보는 정확하고 분명하여 오해의 소지가 없는 내용이 되어야 하며,[518] 특히 주식과 관련된 거래업무를 할 때에는 당해 거래의 양, 가격 및 시간의 상세한 내용을 공표하도록 되어 있다.[519] 또한 금융투자회사는 연차회계보고서를 일반대중에게 공개해야 하며 만약 정확하지 못하거나 누락된 부분이 있다면 프랑스 건전성감독기관(ACP)으로부터 보완명령을 받게 된다.[520] 뿐만 아니라 금융투자회사

513) Monetary and Financial Code §§L.532-19.제2문단 & L.632-2.
514) Id.
515) Monetary and Financial Code §L.532-19.제3문단.
516) Monetary and Financial Code §L.632-5.제1문단.
517) Monetary and Financial Code §L.533-11.
518) Monetary and Financial Code §L.533-12.
519) Monetary and Financial Code §L.533-24.제1문단.
520) Monetary and Financial Code §L.511-37.제1문단과 제2문단.

는 단기금융시장상품이 아니면서 액면가가 1,000유로 이하이고 만기가 12개월 이하인 지분증권이나 채무증권을 발행하는 경우 연차재정보고서를 발행하여 일반대중이 5년 간 이용할 수 있도록 해야 하며 프랑스 금융시장감독기기관(AMF)에게도 당해 연차재정보고서를 제출해야 한다.[521] 이렇게 5년 동안 일반대중이 이용할 수 있는 연차재정보고서에는 연차회계보고서, 경영보고서, 관련 서류의 책임자 진술서, 이와 관련된 감사보고서 등이 포함된다.[522] 다만 단기금융시장상품이거나 액면가가 50,000유로 이상의 채무증권 이외의 금융상품을 발행하는 경우에는 연차회계보고서를 공표한 후 일반대중에게 발표한 모든 정보를 담은 서류를 프랑스 금융시장감독기관(AMF)에게 제출해야 한다.[523]

2.7. 규제 및 감독의 공조

프랑스 금융시장감독기관(AMF)은 다음과 같이 프랑스 내외의 감독기관과 공조하고 있다. 먼저 프랑스 내의 다른 감독기관과의 공조는 다음과 같다. 프랑스법제상 프랑스 금융시장감독기관(AMF)은 프랑스 중앙은행(Banque de France; Central Bank of France; BF), 프랑스 건전성감독기관(ACP)과 공조하는 것을 원칙으로 하고 있고 이에 따라 개별 감독기관은 업무수행과 관련된 정보를 다른 감독기관에게 '전송'할 수 있는 것이다.[524] 이와 함께 최고 법정감사위원회(High Council of the Order of Statutory Auditors)도 업무수행과 관련된 정보를 기술한 기관들에게 '전송'할 수 있다.[525] 다만 해당 정보를 '교환'하기 위해서 당해 정보를 제공한 감독기관의 동의가 있는 경우에만 가능하다.[526] 따라서 감독기관 자신의 정보를 전송하는 것과 다른 감독기관으로부터 전송받은 정보를

---

521) Monetary and Financial Code §L.451-1-2.제1문단과 제2문단.
522) Monetary and Financial Code §L.451-1-2.제2문단.
523) Monetary and Financial Code §L.451-1-1.
524) Monetary and Financial Code §L.631-1-Ⅰ.제1문단.
525) Monetary and Financial Code §L.631-1-Ⅰ.제2문단.
526) Monetary and Financial Code §L.631-1-Ⅲ.제3문단.

교환하는 것은 차이가 있는 것이다.

다음으로 외국[527] 감독기관과의 공조가 있다. 즉 프랑스 금융시장감독기관(AMF)이나 프랑스 건전성감독기관(ACP)이 프랑스 내에 있는 회원국의 금융투자회사나 그 지점이 해당 법규정을 위반했다고 확신하는 경우에는 해당 회원국의 감독기관에게 그 사실을 통지해야 한다.[528] 이에 따라 해당 회원국 감독당국이 필요한 조치를 취했음에도 불구하고 당해 금융투자회사가 위법행위를 계속한다면 프랑스 금융시장감독기관(AMF) 또는 프랑스 건전성감독기관(ACP)은 회원국의 감독당국에게 사전에 통지한 후 필요한 모든 조치를 취하도록 되어 있다.[529] 또한 외국에서 금융투자업의 인가를 받은 자가 프랑스 내에 있을 때 이에 대하여 외국의 감독기관이 프랑스 감독기관에게 임점검사를 요청할 수 있으며 이 경우 프랑스 금융시장감독기관(AMF)이나 프랑스 건전성감독기관(ACP)이 직접 임점검사를 하거나 해당 외국의 감독기관이 직접 임점검사를 하게 할 수 있다.[530] 만약 외국의 감독당국이 직접 임점검사를 실시한 경우 발견된 사실은 프랑스 금융시장감독기관(AMF)에게 통지되어야 하고 이 통지를 받은 프랑스 금융시장감독기관(AMF)은 프랑스 건전성감독기관(ACP)에게 그 내용을 통지해야 하고 또한 당해 회원국의 감독당국으로부터 요청받은 정보의 확약에 대하여도 프랑스 건전성감독기관(ACP)과 금융시장감독기관(AMF)이 공동으로 하게 함으로서 감독기관들의 공조를 유도하고 있다.[531] 이와 함께 프랑스 건전성감독기관(ACP)은 유럽경제지역 전체의 금융안정을 고려해야 하며 이를 위해 외국의 감독당국과 공조하는 것을 원칙으로 하고 있는 것이다.[532]

527) 여기서 프랑스 금융시장감독기관(AMF)과 공조하는 외국에는 회원국뿐만 아니라 유럽경제지역협정(EEAA)의 체약국과 非회원국도 포함된다. Monetary and Financial Code §§L.632-1.제1문단 & L.632-7-I.제1문단.

528) Monetary and Financial Code §L.532-21.제1문단.

529) Monetary and Financial Code §§L.532-21.제2문단 & L.532-21-1.

530) Monetary and Financial Code §§L.532-19.제2문단 & L.632-2.

531) Monetary and Financial Code §L.532-19.제2문단과 제3문단.

532) Monetary and Financial Code §L.612-1-Ⅲ. 기술한 바와 같이 프랑스 건전

3. 금융투자업규제와 관련된 시사점

3.1. 개념과 관련된 시사점

독일 및 프랑스는 금융투자업을 15가지 정도로 세분하여 개념정의를 하고 있다. 반면 우리법제상 금융투자업이라 함은 이익을 얻을 목적으로 계속적이거나 반복적인 방법으로 행하는 (1) 투자매매업 (2) 투자중개업 (3) 집합투자업 (4) 투자자문업 (5) 투자일임업 (6) 신탁업을 의미한다.[533] 독일 및 프랑스가 우리보다 금융투자업을 좀 더 세분화하고 있어 정도의 차이는 있겠지만 그 개념의 본질에 있어서는 별반 다르지 않다고 해석된다. 다만 금융투자업의 정의규정의 실효성을 위해 개념의 구체성과 포괄성의 조화를 확보할 수 있는 작업은 계속되어야 할 것이다.

3.2. 규제 및 감독의 원칙과 관련된 시사점

우리나 독일 및 프랑스 역시 금융투자업의 규제 및 감독의 원칙을 명문으로 규정하고 있지는 않다. 그렇다고 하여 그 원칙이 없는 것은 아닐 것이다. 우리법제상 금융투자업의 규제 및 감독의 원칙은 투자자를 보호하고 건전한 거래질서를 유지하여 금융투자업을 육성하고 자본시장의 효율성을 높여 국민경제의 발전에 기여하는 것이라고 정의할 수 있을 것이다.[534] 다만 시장참여자에게는 전체적인 규제 및 감독의 원칙을 일관되게 주지시킬 필요가 있다고 본다. 즉 일관된 예견가능성을 줄 필요가 있다는 것이다. 이를 위해 금융투자업의 규제 및 감독의 원칙도

성감독기관(ACP)은 은행만 감독하는 것이 아니라 건전성에 관련된 것이라면 은행뿐만 아니라 금융투자회사 및 보험회사도 감독한다. 따라서 건전성과 관련된 감독기관은 프랑스 건전성감독기관(ACP)이기 때문에 프랑스 건전성감독기관(ACP)의 공조는 금융투자회사의 감독기관의 공조라고 할 수 있을 것이다. Monetary and Financial Code §L.612-1-Ⅰ.

533) 자본시장과 금융투자업에 관한 법률 제6조 제1항. 우리법제상 6개의 개별 금융투자업에 대한 개념정의는 동법 제6조 제2항 및 제8항 참조.

534) 예컨대 자본시장과 금융투자업에 관한 법률 제1조와 제415조 등 참조.

명문으로 규정할 필요는 있을 것이다. 규제 및 감독의 원칙이 시장참여자에게는 하나의 일관된 원칙으로 작용하지 않고 감독당국의 전횡으로 인식되어서는 우리 금융투자업의 건전한 발전은 기대하기 힘들 것이다. 따라서 명문의 규정으로 금융투자업의 규제 및 감독의 원칙을 천명할 필요는 얼마든지 있다고 판단된다.

3.3. 인가 및 취소와 관련된 시사점

우리나 독일 및 프랑스는 금융투자업의 인가 및 취소 등에 관하여 별 차이가 없으며 우리법제상 금융투자업의 인가 등의 요건은 다음과 같다. 즉 금융투자업자는 금융투자업의 종류, 금융투자상품의 범위와 투자자의 유형을 구성요소로 하여 인가업무의 단위 전부나 일부를 선택한 후 다음의 요건을 구비하여 금융위원회로부터 하나의 금융투자업의 인가를 받아야 한다.[535] 즉 (1) 금융투자업의 인가를 신청한 자는 상법상 주식회사이거나 대통령령으로 정하는 금융기관[536] 또는 일정요건을 구비한 외국 금융투자업자이어야 하고 (2) 금융투자업의 인가업무의 단위별 5억 이상의 자기자본이 있어야 하며[537] (3) 금융투자업의 사업계획이 타당하고 건전해야 하고 (4) 투자자보호와 금융투자업에 필요한 충분한 인적 설비 및 전산설비 등 물적 설비를 구비해야 하며 (5) 금융투자업자의 임원은 금융에 대한 경험과 지식을 갖춘 자로서 금융투자업의 공익성 및 건전경영과 신용질서를 해칠 우려가 없는 자 등의 일정한 결격사유가 없어야 하고 (6) 금융투자업자의 대주주 또는 외국 금융투자업자는 충분한 출자능력, 건전한 재무상태 및 사회적 신용을 구비한 자

535) 자본시장과 금융투자업에 관한 법률 제12조 제1항과 제2항.

536) 자본시장과 금융투자업에 관한 법률 시행령 제16조 제1항.

537) 금융투자업자의 최저자기자본은 5억에서 900억이 되나 일반투자자 및 전문투자자를 대상으로 장외파생상품에 대한 투자매매업의 인가(900억)를 제외한다면 나머지 금융투자업의 인가에 필요한 최저자기자본은 500억을 넘지 않는다. 보다 상세한 내용은 자본시장과 금융투자업에 관한 법률 시행령 제16조 제3항 [별표 1] 인가업무 단위 및 최저자기자본(제15조 제1항 및 제16조 제3항 관련) 참조.

이어야 하며[538] (7) 금융투자업자와 투자자 간, 특정 투자자와 다른 투자자 간의 이해상충을 방지하기 위한 체계를 마련해야 하는 것이다. 기술한 요건을 구비해서 금융투자업의 인가신청서를 금융위원회에 제출하면 접수된 날로부터 3개월(예비인가를 받은 경우에는 1개월) 이내에 금융위원회는 금융투자업의 인가 여부를 결정한 후 그 이유를 서면으로 통지하는 것이 원칙이며,[539] 인가 여부를 결정하는 심사기간에는 인가신청서 흠결의 보완기간 등 총리령으로 정하는 기간은 제외된다.[540] 여기서 총리령으로 정하는 기간이라 함은 법정요건의 충족 여부를 확인하기 위하여 다른 기관 등으로부터 필요한 자료를 제공받는 데에 걸리는 기간과 금융투자업의 인가를 받으려는 자와 그 대주주 또는 일정한 외국 금융투자업자를 상대로 한 형사소송 절차의 진행 등의 절차가 끝날 때까지의 기간이라고 규정하고 있다.[541] 결국 이 기간은 금융투자업의 인가 여부를 결정하는 기간에 포함되지 않기 때문에 궁극적으로는 심사기간이 연장되는 것이다. 심사기간이 연장되는 데에는 보다 구체적이고 객관적인 조건이 있어야 하는데 우리법제는 그 사유만 단순하게 규정하고 있을 뿐이다. 법정심사기간이 3개월(또는 1개월)이 원칙이라고 했는데 만약 85일쯤에 인가신청서 흠결의 보완 등을 위하여 금융감독당국이 금융투자업의 인가를 신청한 자에게 요구를 한다면 심사기간은 사실상 무한정 연장될 수밖에 없을 것이다. 따라서 심사를 시작한 후 일정한 기간이 경과한 시점이라면 더 이상의 새로운 사실로 인하여 심사기간이 연장되는 것은 허용해서 안 될 것이다. 이렇게 함으로서 시장참여자에게 일관된 예측가능성을 줄 수 있는 한 방법이 될 것이다. 또한 총리령에서 심사기간이 연장되는 사유와는 별도로 이를 특정해서 '고시'하면 예측가능성은 더 보장될 것으로 판단된다. 이에 대해 재검토가 필요할 것이다.

---

538) 특히 건전한 재무상태와 사회적 신용에 대한 보다 상세한 내용은 금융투자업에 관한 법률 시행령 제16조 제8항 참조.

539) 자본시장과 금융투자업에 관한 법률 제13조 제1항과 제2항.

540) 자본시장과 금융투자업에 관한 법률 제13조 제3항.

541) 자본시장과 금융투자업에 관한 법률 시행규칙 제2조.

이와 함께 우리법제는 금융투자업의 예비인가라는 제도를 두고 있으나[542] 독일 및 프랑스는 이런 제도가 없다. 우리 금융위원회는 본인가 요건을 갖출 수 있는지 여부를 심사하여 예비인가 여부를 결정한다고 규정하고 있으나 예비인가의 단계에서 본인가의 요건을 구비할 수 있는지를 어떤 기준에서 객관적으로 심사할 수 있는지 의문이고 예비인가를 사실상 본인가와 같은 방식으로 운영하고 있기 때문에[543] 예비인가를 본인가와 합쳐서 하나의 인가심사를 하는 것이 시장참여자에게는 이중의 부담을 줄일 수 있을 것으로 판단된다. 이에 대하여 재검토가 필요할 것이다.

기술한 바와 같이 금융투자업의 인가요건을 구비하여 금융투자업의 인가를 받은 경우에도 다음의 경우에는 이미 받은 인가가 취소될 수 있다.[544] 즉 거짓, 그 밖의 부정한 방법으로 금융투자업의 인가를 받거나 인가조건을 위반하거나 업무의 정지기간 중에 업무를 하거나 금융위원회의 시정명령이나 중지명령을 이행하지 않거나 금융관련 법령 등을 위반하는 등 그 밖에 투자자의 이익을 현저하게 해칠 우려가 있는 등의 경우에는 금융투자업의 인가가 취소될 수 있는 것이다.

우리와 독일은 금융투자업의 인가 여부를 결정할 때에 단일의 감독기관이 담당한다. 그러나 프랑스의 경우 프랑스 건전성감독기관(ACP)이 인가를 주지만 그 이전에 프랑스 금융시장감독기관(AMF)으로부터 먼저 승인을 거치도록 하고 있다는 점에서 차이가 있다. 단일의 감독기관이 더 나을지 복수의 감독기간이 더 나을지 쉽게 결정할 문제는 아니지만 최근 금융위기의 진원지인 미국의 경우를 본다면 복수의 감독기관이 결코 나은 시스템이라고 하기는 힘들 것이다. 특히 미국은 금융투자업(증권포함)에 대한 감독기관이 연방증권거래위원회(SEC)라는 단일의 감독기관이 담당하였음에도 불구하고 금융위기 시에 적절하게 대처하지 못하

542) 자본시장과 금융투자업에 관한 법률 제14조.
543) 자본시장과 금융투자업에 관한 법률 제12조 및 제14조.
544) 자본시장과 금융투자업에 관한 법률 제420조.

였는데[545] 하물며 프랑스는 금융투자업이라는 동일한 업종에서 감독기관이 복수이기 때문에 규제 및 감독의 기능을 적시에 발휘하기는 어려울 것이기 때문이다. 다만 단일의 감독기관이 낫다는 의미는 감독의 적시성에 있다고 보기 때문에 감독당국은 감독권의 전횡이 아니라 시장참여자에게 예견가능성을 줄 수 있는 일관된 감독권의 행사가 되어야 할 것이다.

3.4. 재무건전성과 관련된 시사점

독일 및 프랑스는 금융투자업자의 자산과 고객의 자산 및 고객 간의 자산이 혼용되지 않는 것을 원칙으로 하고 있다. 이에 대해 우리 역시 금융투자회사는 영업용 순자본이 그 부채 및 위험을 환산한 금액을 합한 금액 이상이 되도록 해야 한다는 점에서 유사하다.[546] 독일 및 프랑스는 금융투자업의 자본금은 25,000유로에서 1,100,000유로까지 다양하며 우리 역시 5억에서 900억까지 다양하다.[547] 그러나 우리가 그 절대적인 금액이 상당 수준으로 많기 때문에 이에 대하여 재검토가 필요할 것이다. 우리법제상 자본금의 절대적인 액수를 높인 것은 진입장벽으로 작용할 뿐만 아니라 대외경쟁에서도 불리한 조건으로 작용할 것으로 판단된다. 미국발 금융위기에서 자본금의 다과는 금융위기로 인한 어려움의 다과와는 사실상 관련이 없었다는 점에서 우리만 자본금의 절대적인 금액을 강화할 필요는 없을 것이다. 세계적인 추세를 파악해서 이들과 연동된 자본금제도를 마련할 필요가 있다고 본다.

우리나 독일 및 프랑스는 금융투자회사의 주식을 각각 5%, 3%, 5% 이상을 취득하게 되면 감독당국이나 해당 금융투자회사에게 통지를 해야 하고 이 통지의무를 이행하지 않으면 의결권을 행사할 수 없게 된다

---

545) 정윤모, "미국 금융위기를 통해 본 SEC의 감독기능," 「자본시장 Weekly」 2008-4호(한국금융연구원, 2008.10.12~10.20), 3면.

546) 자본시장과 금융투자업에 관한 법률 제30조 제1항.

547) 자본시장과 금융투자업에 관한 법률 시행령 제16조 제3항 [별표 1] 인가업무 단위 및 최저자기자본(제15조 제1항 및 제16조 제3항 관련).

는 점에서 큰 차이가 없다.[548)]

또한 독일의 경우 금융투자회사는 순매도포지션이 당해 회사의 발행주식 총수의 0.2% 이상이나 이하가 되면 이와 같은 거래가 발생한 날의 다음 날까지 독일 연방금융감독당국(BaFin)에게 통지하도록 되어 있는 것과 같이 우리도 발행주식 총수에 대하여 순보유잔고비율이 -0.01% 이하로 하락하면 보고의무가 발생한다는 점에서 유사한 구조를 가지고 있다.[549)]

3.5. 지배구조와 관련된 시사점

금융투자회사는 고객의 이해충돌을 예방하고 법규정을 준수하면서 당해 금융투자업을 효과적으로 수행할 수 있는 지배구조를 마련해야 한다는 점에서 우리나 독일 및 프랑스가 다르지 않으며,[550)] 지배구조와 관련해서 다음과 같은 시사점을 도출할 수 있을 것이다. 첫째 독일 및 프랑스의 경영진은 신뢰성 및 전문성을 구비해야 하고 이점은 우리도 동일하다. 그 이유는 우리도 금융투자회사의 임원은 금융에 대한 경험과 지식을 갖춘 자로서 금융투자업의 공익성 및 건전경영과 신용질서를 해칠 우려가 없는 자일 것을 요구하고 있기 때문이다.[551)] 그러나 우리는 경영진의 신뢰성과 전문성 외에도 공익성과 건전경영 및 신용질서를 해칠 우려가 없는 자일 것 까지 요구하고 있는데 여기서 특히 공익성과 신용질서를 해칠 우려가 없는 자의 의미가 구체적이지 못하고 이들 두 개념은 이미 기술한 신뢰성과 중복되는 점이 많아 보인다. 이에 대하여 좀 더 구체화하는 작업이 필요할 것이다. 둘째 독일 및 프랑스는 이사회의 단일지배구조나 감독위원회 및 경영위원회의 이중지배구조를 선택할 수 있고 우리도 상법규정에 의하여 집행임원제도와 이사회제도를 선

---

548) 자본시장과 금융투자업에 관한 법률 제147조 제1항과 제150조 제1항.
549) 금융감독원, 「"공매도 포지션 보고제도"의 주요내용」 (금융감독원, 2012.8), 7면.
550) 예컨대 자본시장과 금융투자업에 관한 법률 제12조 제2항 참조.
551) 자본시장과 금융투자업에 관한 법률 제24조 제2항.

택할 수 있다는 점에서 큰 차이가 없다.[552] 셋째 이사회의 의장과 최고경영자(CEO)의 분리 여부에 대해 독일은 특별한 규정을 두고 있지 않고 프랑스는 해당 금융투자회사가 선택할 수 있도록 규정하고 있다. 이에 관해 우리는 법규정에서 이를 규정하고 있지는 않다. 최근 우리 정부는 이사회의 의장과 최고경영자(CEO)를 강제적으로 분리하려는 시도를 하고 있다.[553] 그러나 이사회의 의장과 최고경영자(CEO)의 분리 여부는 해당 금융투자회사의 실정에 따라서 결정되어야 하는 것이지 정부가 강제적으로 결정할 일은 아닐 것이다. 따라서 이의 선택 여부는 금융투자회사에게 일임하는 나을 것이다. 넷째 프랑스의 경우 금융투자회사 이사의 1/2 이상은 독립된 이사로 구성되고 해당 금융투자회사가 다른 자에 의하여 지배를 받게 되는 경우에는 전제 이사 중 1/3 이상이 독립된 이사이면 된다. 우리 금융투자회사는 최소한 3명 이상의 사외이사로 구성되어야 하고 전체 이사 중 1/2 이상이 사외이사일 것을 요구하고 있다는 점에서 프랑스와 비슷하다.[554] 다섯째 독일 및 프랑스는 이사 중 여성이 일정비율이 될 것을 요구하고 있으나 우리는 이런 규정이 없다. 그러나 이사가 남성의 전유물이 아니기 때문에 여성의 진출을 전향적으로 검토할 필요가 있을 것이다. 여섯째 독일의 경우 경영위원회의 위원은 다른 회사의 감독위원회 위원으로는 2개까지만 겸직할 수 있고, 프랑스의 금융투자회사 이사는 4년을 초과할 수 없으며 상임이사의 경우는 2개의 상임이사를 겸직할 수 있고 非상임이사(사외이사)는 4개의 이사를 겸직할 수 있다. 우리의 경우 금융투자업의 이사 임기는 3년을 초과할 수 없을 뿐,[555] 몇 개 이상의 조건에 해당하는 개수로 겸직 여부를 제한하는 규정이 없다는 점에서 독일 및 프랑스와는 구별된다. 즉 우리

552) 상법 제408조의2와 제408조의4.

553) 김정호, “이사회의장과 대표집행임원 강제분리의 문제점,” 법률신문 2013년 10월 10일, 〈https://www.lawtimes.co.kr/LawPnnn/Pnnyn/PnnynContent.aspx?serial=2154&m=pnnyn〉 (검색일 2015.1.31).

554) 자본시장과 금융투자업에 관한 법률 제25조 제1항과 제2항.

555) 상법 제383조 제2항.

법제상 금융투자회사의 이사는 당해 금융투자회사 이사회의 승인이 없다면 동종영업을 목적을 하는 다른 회사의 무한책임사원이나 이사로 겸직할 수 없게 되는 것이다.[556] 그러나 금융투자업의 경우 이미 금산분리는 사라졌다고 봐야 하는데 이 규정에 의하면 금융투자회사의 이사는 다른 금융투자회사의 이사로는 겸직할 수 없다는 현실적인 모순이 발생한다. 더욱이 非금융주력자에 대한 4%의 제한과 같은 은행법상의 은산분리가 자본시장과 금융투자업에 관한 법률에는 없다. 뿐만 아니라 일정한 요건을 구비하면 금융투자업자는 보험업 등의 업무를 할 수 있기 때문에 이런 맥락에서 금융투자회사의 이사가 겸직할 수 있는 범위도 명문으로 규정할 필요가 있고 이때 독일 및 프랑스의 법제는 시사하는 바가 있을 것이다. 일곱째 우리나 독일 및 프랑스는 사외이사후보추천위원회와 감사위원회를 의무적으로 설치해야 한다는 점에서 동일하며,[557] 사외이사의 비율도 각각 2/3와 1/2 이상을 요구하고 있다는 점에서 동일하다.[558] 다만 다음과 같은 점에서는 차이가 있다. 독일 및 프랑스 감사위원회의 위원은 전원이 금융 또는 회계전문가이어야 하나 우리는 1명 이상이면 된다는 점에서 다르다.[559] 우선 감사위원회이기 때문에 금융이나 회계전문가이어야 한다는 점에서는 분명하나 그 정도가 문제이다. 프랑스와 같이 감사위원회의 위원 전원이 금융 또는 회계전문가이면 감사위원회의 기능은 강화되겠지만 금융투자회사의 경우는 이런 적임자를 구하기 어려울 수도 있고 또한 모두를 금융이나 회계전문가로 구성한다면 그 비용도 많이 발생할 것이다. 그렇다고 하여 우리법제와 같이 위원 중 1명만 금융이나 회계전문가여도 감사위원회가 구성된다고 한다면 감사위위원회의 감사기능을 제대로 발휘하기는 어렵다고 본다. 따라서 금융투자회사의 현실을 반영하여 중간정도의 수준에서 최저요건만 법에 규정하는 방법을 검토할 필요가 있을 것이다. 여덟째 우리와

556) 상법 제397조 제1항.
557) 은행법 제22조 제3항과 제23조의2 제1항.
558) 자본시장과 금융투자업에 관한 법률 제25조 제1항과 제26조 제2항 제1호.
559) 자본시장과 금융투자업에 관한 법률 제26조 제2항 제2호.

독일은 일정한 경우 금융감독당국이 해당 금융투자회사 임원의 해임을 요구할 수 있다는 점에서 동일하다.[560] 그러나 감독당국(정부)이 해당 금융투자회사의 주주가 아닌 이상 임원의 해임을 요구하는 것은 당해 금융투자회사의 주주의 권리를 침해할 위험이 있기 때문에 재검토가 필요할 것이다. 아홉째 우리나 독일 및 프랑스는 내부통제장치와 준법감시기능을 규정하고 있다는 점에서 동일하나,[561] 우리는 준법감시인[562]이 준법감시기능을 담당하고 있지만 독일 및 프랑스는 구체적으로 누가 준법감시기능을 담당하고 있는지 침묵하고 있다는 점에서 다르다. 그러나 우리의 경우 준법감시인은 해당 금융투자회사에 의해서 임면되기 때문에 준법감시자의 역할을 제대로 할지 의문으로 남는다.[563] 이에 대해 재검토가 필요할 것이다. 열째 우리나 독일 및 프랑스는 금융투자회사를 임점검사할 수 있다는 점에서 동일하다. 이에 따라 우리 금융위원회는 금융감독원장을 통하여 금융투자회사에 대하여 그 업무와 재산상황을 검사할 수 있으며,[564] 이의 일환으로 금융투업자의 업무 또는 재산에 관한 보고, 자료의 제출, 증인의 출석, 증언 및 의견의 진술을 요구할 수 있다.[565] 또한 독일은 금융투자회사뿐만 아니라 10% 이상의 지분권을 보유한 자 등과 금융투자업의 위탁을 받은 자도 임점검사의 대상이 된다. 이에 대해 우리는 금융투자업을 위탁받은 자에 대하여 임점검사를 실시하고 있다는 점에서 독일과 동일하나,[566] 대주주(주요주주)에게 임점검사를 한다는 규정은 없다는 점에서 독일과 차이가 있다. 임점검사의 실효성을 높이기 위해 관련된 자에게 임점검사를 확대한다는 의미는 있을 수 있으나 대주주는 이미 관련 규정 등에서 규제를 받고 있기 때문

---

560) 자본시장과 금융투자업에 관한 법률 253조 제3항. 감독이사도 당연히 금융투자회사의 임원이다. 동법 제9조 제2항.

561) 자본시장과 금융투자업에 관한 법률 제28조 제1항.

562) 자본시장과 금융투자업에 관한 법률 제28조 제2항.

563) 자본시장과 금융투자업에 관한 법률 제28조 제3항.

564) 자본시장과 금융투자업에 관한 법률 제419조 제1항.

565) 자본시장과 금융투자업에 관한 법률 제419조 제5항.

566) 자본시장과 금융투자업에 관한 법률 제43조 제1항.

에 또 다시 임점검사의 대상으로 삼는 것은 이중의 중복된 규제라는 생각이 든다. 이 한도 내에서는 우리가 보다 나은 입법태도라 할 수 있다. 끝으로 독일 및 프랑스는 적기시정조치라는 규정이 없으나 우리는 이를 규정하고 있다. 여기서 적기시정조치라 함은 경영실태평가 및 자본비율에 의하여 해당 금융기관에 부과되는 경영개선권고, 경영개선요구 및 경영개선명령으로 정의할 수 있을 것이다.[567] 개별 금융기관뿐만 아니라 금융지주회사 등 금융그룹으로 금융투자회사 등 금융기관이 운영되는 경우 자회사 금융투자회사 등의 금융기관이 부실하다면 그 지주회사 등이 책임을 져야 하는데 이와 같은 책임을 회피할 유인력이 적기시정조치로부터 발생하기 때문에 적기시정조치를 둔 우리가 독일 및 프랑스보다는 나은 입법이라고 판단된다. 그러나 적기시정조치는 ① 법정 기준에 미달은 있었으나 그것이 일시적인 경우 ② 단기간에 이를 충족시킬 수 있다고 판단되거나 이에 준하는 사유가 있다고 인정된다면 기간을 정하여 적기시정조치를 '유예'시킬 수 있다고 규정하고 있기 때문에 적기시정조치의 적시성에 큰 장애가 된다고 본다.[568] 즉 적기시정조치의 유예조건에서 도대체 어느 정도가 일시적인 기준미달인지 또한 어떤 경우에 일시적인 기준미달을 단기간에 충족시킬 수 있다고 판단할 수 있는지 그리고 어떤 사유가 이에 준하는 사유인지 명확하지 못하여 감독기관의 자의적인 해석의 위험이 도사리고 있는 것이다. 이를 반영하듯 우리나라에서 적기시정조치의 유예를 받은 금융기관의 대부분은 그 상태가 나아진 경우가 거의 없었다.[569] 따라서 적기시정조치가 적시에 시

567) 금융산업의 구조개선에 관한 법률 제10조; 금융투자업규정 제3-26조 및 제3-28조.

568) 금융산업의 구조개선에 관한 법률 제10조 제3항; 금융투자업감독규정 제3-30조.

569) 이재명, "[아하 그렇구나] 적기시정조치," 한겨레 2012.5.13, 〈http://www.hani.co.kr/arti/economy/economy_general/532642.html〉 (검색일 2015.1.31.). 미국 역시 우리와 비슷하게 감독기관의 재량권에 대하여 의문이 제기되고 있다. U.S.C.A. §1831o(a)(2); Michael K. O'Neal, "Update Prompt Corrective Action and Other Regulatory Enforcement Powers," 48 Consumer Fin. L.Q. Rep. 259, 260 (Summer, 1994).

행될 수 있도록 해야 하고 부득이하게 유예를 하려면 명확한 기준이 적용되어야 할 것이다. 이에 대하여 재검토가 필요할 것이다.

3.6. 정보공개와 관련된 시사점

우리나 독일 및 프랑스는 시장의 투명성을 확보하기 위하여 일정한 정보를 공개하고 있다는 점에서 동일하다. 이에 따라 우리의 경우 정보공개와 관련해서 소개하면 다음과 같다. 첫째 금융투자업자는 매 사업연도 개시일부터 3개월 간 · 6개월 간 · 9개월 간 및 12개월 간의 업무보고서를 작성하여 금융위원회에 제출하고 제출한 날부터 그 업무보고서 중 중요사항을 발췌한 공시서류를 1년 간 본점과 지점, 그 밖의 영업소에 이를 비치하고, 인터넷 홈페이지 등을 이용하여 공시해야 한다.[570] 둘째 금융투자업자는 거액의 금융사고 또는 부실채권의 발생 등 금융투자업자의 경영상황에 중대한 영향을 미칠 사항으로서 금융투자업의 종류별로 대통령령으로 정하는 사항이 발생한 경우에는 금융위원회에 보고하고, 인터넷 홈페이지 등을 이용하여 공시하도록 되어 있다.[571] 셋째 금융투자회사가 ① 자신의 대주주가 발행한 증권을 소유하는 행위, ② 금융투자업자의 특수관계인 중 대통령령으로 정하는 자가 발행한 주식, 채권 및 약속어음을 소유하는 행위, ③ 그 밖에 금융투자업자의 건전한 자산운용을 해할 우려가 있는 행위로서 대통령령으로 정하는 행위, ④ 금융투자회사는 자신의 대주주에게 신용공여를 할 수 없는 것이 원칙이지만 당해 금융투자회사의 건전성을 해칠 위험이 없는 대통령령으로 정한 신용공여를 하는 경우 이 사실을 금융위원회에게 보고하고, 인터넷 홈페이지 등을 통하여 공시해야 한다.[572] 다만 하나 지적할 것은 우리나 독일 및 프랑스는 시장의 투명성을 확보하기 위하여 관련정보를 공개하고 있지만 금융투자회사의 입장에서는 일반대중에게 공개하는 것 외에 금

570) 자본시장과 금융투자업에 관한 법률 제33조 제1항과 제2항.
571) 자본시장과 금융투자업에 관한 법률 제33조 제3항.
572) 자본시장과 금융투자업에 관한 법률 제34조 제1항과 제4항 및 제5항.

융감독당국에게도 보고해야 하기 때문에 과도한 부담으로 작용할 수도 있다. 따라서 일반대중에게 공개하는 것과 감독당국에게 보고하는 것 중 어느 하나만으로도 시장에 대한 투명성을 줄 수 있다면 불필요한 공개나 보고는 생략할 필요가 있을 것이다. 이에 대한 재검토가 필요하다고 본다.

3.7. 규제 및 감독의 공조와 관련된 시사점

독일 및 프랑스는 금융투자업의 규제 및 감독의 국내공조와 국외공조에 대하여 비교적 상세한 규정을 두고 있다. 이에 대해 우리 역시 이들과 비슷한 공조규정을 두고 있으며 그 내용을 소개하면 다음과 같다. 첫째 우리 금융감독당국의 국내공조는 다음과 같다. 먼저 금융위원회는 제출된 주요사항보고서가 투자자의 투자판단에 중대한 영향을 미칠 우려가 있어 그 내용을 신속하게 알릴 필요가 있는 경우에는 대통령령으로 정하는 방법에 따라 행정기관, 그 밖의 관계기관에 대하여 필요한 정보의 제공 또는 교환을 요청할 수 있으며, 요청을 받은 기관은 특별한 사유가 없는 한 이에 협조하도록 되어 있다.[573] 다음으로 금융위원회는 ① 증권의 발행 및 유통과 관련된 조사 및 제재권한의 일부를 증권선물위원회에게 위임할 수 있으며,[574] ② 장내파생상품 거래규모의 제한 및 이에 준하는 권한으로서 금융위원회가 고시로 정한 권한을 한국거래소에게 위탁할 수 있으며,[575] ③ 금융투자업의 약관의 제정 또는 변경에 따른 신고 등의 접수 및 검토 권한, 법인 또는 단체나 개인이 법정요건을 충족한다는 관련 자료 제출의 접수 권한, 그 밖에 이에 준하는 권한으로서 금융위원회가 고시로 정한 권한을 한국금융투자협회에게 위탁할 수 있으며,[576] 금융감독당국은 금융투자업자의 업무와 재산상황을 직접

---

573) 자본시장과 금융투자업에 관한 법률 제161조 제4항.
574) 자본시장과 금융투자업에 관한 법률 제438조 제2항; 동법 시행령 제387조 제1항.
575) 자본시장과 금융투자업에 관한 법률 제438조 제3항; 동법 시행령 제387조 제2항 제1호.
576) 자본시장과 금융투자업에 관한 법률 제438조 제3항; 동법 시행령 제387조 제

검사할 수 있지만 이를 한국거래소나 한국금융투자협회에게 위탁할 수도 있다.[577] 둘째 우리 금융감독당국의 국외공조는 다음과 같다. 즉 우리 금융감독당국은 외국 금융감독당국과 정보를 교환할 수 있음을 선언하고 있다.[578] 이를 근거로 상호주의 원칙에 따라 외국 금융감독당국의 일정한 조사나 검사를 요청하는 경우 이에 협조할 수 있고 우리 금융감독당국이 요청할 수도 있다. 또한 한국거래소가 사전에 금융감독당국과 협의를 하였다면 외국의 거래소와 관련정보를 교환할 수도 있는 것이다.[579]

그러나 기술한 바와 같이 우리의 경우 금융투자업의 규제 및 감독의 공조에 관한 규정이 많지 않고 그 내용도 상세하지 못하다. 더욱이 국외공조는 1개의 조문만 두고 있을 뿐이다. 물론 우리는 금융위원회가 은행업, 금융투자업과 보험업 전부를 규제하고 있어서 금융업종별 감독기관간의 공조는 생각하기 어렵다. 그러나 금융규제의 특성상 외국과의 공조는 중요하기 때문에 이에 대한 보완작업이 필요하다고 본다. 이에 대한 재검토가 있어야 할 것이다.

2항 제2호.

577) 자본시장과 금융투자업에 관한 법률 제419조 제8항.

578) 자본시장과 금융투자업에 관한 법률 제437조 제1항.

579) 자본시장과 금융투자업에 관한 법률 제437조 제4항과 제5항. 물론 한국거래소가 금융감독당국은 아니지만 일정한 경우 금융감독당국으로부터 일정한 권한을 위탁받는 경우도 있으며 자본시장과 금융투자업에 관한 법률 제437조 제5항에서도 한국거래소가 사실상 금융감독당국에 준해서 외국 거래소와 공조한다는 내용을 규정하고 있기 때문에 외국의 금융감독당국과의 공조로 설명하였음을 밝혀 둔다.

Ⅳ. 보험업규제의 주요내용 및 시사점

1. 독일 보험업규제의 주요내용

1.1. 보험업의 개념

독일 보험업감독법(Versicherungsaufsichtsgesetz; Act on the Supervision of Insurance Undertakings: 이하 German Insurance Supervision Act라 함)에는 보험업이라는 용어는 분명히 사용하고 있지만 보험업에 대한 정의규정은 없고 대신에 동법의 감독대상에서 제외되는 경우만을 규정하고 있을 뿐이다.[580] 비록 보험업에 대한 적극적인 정의규정은 없다고 할지라도 동법 부칙에는 보험의 대상인 각종 위험 및 이에 대한 보험업의 종류가 나열되어 있기 때문에 이를 종합해서 보험업을 정의해 보면 다음과 같을 것이다.[581] 즉 독일법제상 보험업이라 함은 사고, 질병, 육상차량, 항공기, 선박, 운송물, 화재 및 자연재해, 기타 재산상의 손실, 육상차량의 사용으로 발생된 손실, 항공기의 사용으로 발생된 손실, 선박의 사용으로 발생된 손실, 육상차량과 항공기 및 선박 이외의 수단을 사용함으로써 발생된 일반적인 손실, 신용, 보증, 기타 금융손실, 법률비용, 여행 기타 보험에서 담보되지 않은 위험에 처한 자의 보조, 생명, 결혼, 출생, 변액생명, 톤틴식 연금, 자본금상환, 퇴직급여제도의 운용과 관련된 영업 또는 연금기금운영에 관한 위험을 인수하는 것과 이를 다시 인수하는 것을 영업으로 한다는 의미라고 해석된다.[582]

---

580) German Insurance Supervision Act §1.

581) German Insurance Supervision Act §Annex A & B.

582) 보험업과 직접적인 관련이 있는 업무는 보험업에 포함되나 非보험업은 여기서 제외된다. German Insurance Supervision Act §7.(2).

1.2. 감독기관

독일 보험업감독법상 보험업은 독일 연방금융감독당국(BaFin)에 의해 감독을 받는다.[583] 즉 독일 연방금융감독당국(BaFin)은 독일의 모든 보험업을 감독하며 특히 피보험자를 포함한 보험계약의 이익이 안전하게 보장될 수 있도록 하는 것과 보험계약에서 발생된 의무가 제대로 이행될 수 있도록 하는 것이 주된 업무가 된다.[584] 하나 특이한 것은 보험업에 대한 '법률' 감독의 목적을 명문으로 규정하고 있다는 점인데 이는 보험업의 감독 관련 법규정 및 보험계약 등이 잘 지켜질 수 있도록 감독하는 것을 포함하여 보험업의 적절한 운용을 감독한다는 의미이다.[585] 다만 독일은 연방국가이기 때문에 개별 州도 제한적인 범위에서 보험업을 감독하는데 하나는 公보험업을 감독하는 것과 다른 하나는 경제적으로나 금융적으로 그 중요성이 적은 영역에서의 私보험업도 감독한다.[586]

1.3. 보험업의 허가 및 취소 등

1.3.1. 허가 등

독일 보험업감독법상 보험업을 하려는 자는 독일 연방금융감독당국

583) German Insurance Supervision Act §81.

584) German Insurance Supervision Act §81.(1).sentences 1 to 2 & 5.

585) German Insurance Supervision Act §81.(1).sentence 4. 본 문에서 구태여 보험업의 '법률' 감독이란 용어를 사용한 이유는 독일 보험업감독법에서 법률감독(legal supervision)과 금융감독(financial supervision)으로 구분하여 규정하고 있기 때문이다. German Insurance Supervision Act §81.(1).sentence 1. 비록 당연한 의미를 규정한 것이지만 시장참여자에게 보다 정확한 예측가능성을 줄 수 있다는 점에서 의의가 있다고 본다.

586) BaFin, "Homepage▶Supervision▶Insurance undertakings & pension funds: Division of responsibilities between the Federal Government and the Federal States," at http://www.bafin.de/EN/Supervision/InsuranceUndertakingsPensionFunds/insuranceundertakingspensionfunds_node.html (last visited Jan. 8, 2015). 독일 보험업감독법에서도 독일 개별 州가 보험업을 감독하는 것을 전제로 하는 규정이 있다. 예컨대 German Insurance Supervision Act §55a.(1) 참조.

(BaFin)으로부터 허가[587]를 받아야 하는 것이 원칙이다.[588] 이에 따라 보험업을 하려는 자는 신청서와 함께 영업계획서를 제출해야 하며 이 계획서에는 다음과 같은 내용이 포함되어야 한다.[589] (1) 영업목적 및 구조 (2) 영업할 지역 (3) 보험업의 인수의무를 이행할 수 있다는 보장조건의 적시 (4) 당해 회사의 정관[590] (5) 보험업의 종류 및 인수하는 위험에 관한 정보 (6) 기업계약 (7) 배당이전, 보험계약의 포트폴리오운용, 분쟁처리, 회계, 투자 및 위탁을 포함한 자산운용을 목적으로 한 계약 (8) 법정지급여력비율 이상의 자기자본의 존재사실의 증명과[591] 그 구성요소의 상세한 내용 (9)-(10) 건강보험의 경우 그 일반적인 보험조건과 보험료 산정의 원칙 (11) 예상되는 재보험계약의 정보 (12) 보험상품의 판매 및 행정처리 등의 비용산정 (13) 여행 기타 보험에서 담보되지 않은 위험에 처한 자의 보조에 관한 보험업의 허가를 신청하는 경우 그 보조수단에 관한 정보 (14) 임원[592]의 신뢰성과 적격성을 판단하기

---

587) 독일 보험업감독법에서는 보험업의 허가의 영문용어로 'authorisation'이란 표현을 하고 있어 인가로 번역해도 무방하나 구태여 '허가'로 번역한 이유는 우리 보험업법에서 허가라는 용어를 사용하고 있어 불필요한 혼란을 줄이기 위함이다.

588) German Insurance Supervision Act §5.(1). 다만 회원국에서 이미 보험업을 허가받았다면 또 다시 허가를 받을 필요가 없고 소위 '회원국의 허가면제주의' (European passport)에 의하여 일정한 통지절차만 거치면 된다. BaFin, "Homepage▶Supervision▶Insurance undertakings & pension funds▶Authorisation," at http://www.bafin.de/EN/Supervision/InsuranceUndertakingsPensionFunds/Authorisation/authorisation_node.html (last visited Jan. 9, 2015).

589) German Insurance Supervision Act §5.(2)-(5).

590) 이 정관에는 보험업의 종류와 투자원칙 및 해당 보험업을 직접 영업할지 간접적으로 영업할지가 포함된다. German Insurance Supervision Act §9.

591) 보험업의 총 거래량과 연동되어 결정되는 법정지급여력비율은 그 1/3이 보험보장기금으로 간주된다. German Insurance Supervision Act §§5.(4).sentence 1 & 53c.(1).

592) 영문으로는 manager라는 용어만 규정되어 있다. German Insurance Supervision Act §7a.(1). 그러나 보험업의 감독기관인 독일 연방금융감독당국(BaFin)은 이사(director)도 포함된다고 선언하고 있다. BaFin, "Homepage▶Supervision▶Insurance undertakings & pension funds▶Authorisation▶Domestic insurers," at http://www.bafin.de/EN/Supervision/InsuranceUndertakings

위한 정보 (15) 적격지분권자[593]가 있다면 그 성명과 금액 및 당해 보험업의 건전한 경영을 위하여 당해 적격지분권자의 신뢰성을 판단하기 위한 정보,[594] 당해 적격지분권자가 연차회계보고서를 준비해야 하는 경우라면 과거 3년 간 연차회계보고서, 당해 적격지분권자가 그룹에 속해 있다면 그 그룹구조의 상세한 내용 및 과거 3년간 연결회계보고서 (16) 보험업과 밀접한 관련[595]이 있는 자가 있는 경우 그 사실 (17) 보험계리사의 신뢰성 및 자격을 평가하기 위한 데이터 (18) 육상차량의 사용으로 발생된 손실에서 담보되는 위험의 범위와 회원국 및 유럽경제지역협정(EEAA)상의 체약국에 상주할 보험민원담당자[596]의 성명과 주소가 그것이다. 이와 함께 보험업의 허가를 받으려는 자는 독일 내에 등록된 사무소가 있어야 하고 그 법적 형태는 주식회사, 상호회사 및 공법기관에 한정된다.[597] 이상과 같은 요건을 구비하여 보험업의 허가를 신청하

PensionFunds/Authorisation/DomesticInsurers/domesticinsurers_node.html(last visited Jan. 9, 2015). 따라서 manager라는 영문용어에도 불구하고 director가 포함된 임원으로 해석한다.

593) 자본금 또는 의결권의 10%를 보유하게 되면 '적격'지분권자(qualified participating interest)로 간주된다. German Insurance Supervision Act §7a.(2).sentence 3. 그러나 수평적 구조의 그룹에 있어서 지분참여라고 할 때에는 20% 이상인 경우를 의미한다. German Insurance Supervision Act §104a.(2).1. EU지침도 이와 동일한 수치를 규정하고 있다. DIRECTIVE 2009/138/EC OF THE EUROPEAN PARLIAMENT AND OF THE COUNCIL of 25 November 2009 on the taking-up and pursuit of the business of Insurance and Reinsurance (이하 Solvency Ⅱ라 함) §13.(20) & (21).

594) German Insurance Supervision Act §§5.(5).6 & 7a.(2).sentence 1.

595) 여기서 밀접한 관련이 있는 경우라 함은 자연인이든 법인이든 자본금 또는 의결권의 20%이상이 직·간접적으로 보유됨으로서 제휴되어 있거나 모자관계로 제휴된 경우를 의미한다. German Insurance Supervision Act §§8.(1).3 & 104k.8.sentence 2.

596) German Insurance Supervision Act §§5.(5).8 & 7b.

597) German Insurance Supervision Act §7.(1)-(1a). 독일 보험업감독법에는 등록된 사무소가 영문으로는 head office로 표현되어 있어 본점이라고 하는 것이 무난할 것이나 만약 본점으로 번역한다면 본점은 하나밖에 없으니까 외국회사의 경우는 독일 내에서 지점을 설치하는 방법에 의해서는 보험업을 할 수 없는 결과가 된다. 이런 이유로 head office를 등록된 사무소로 번역하기로 한다.

면 독일 연방금융감독당국(BaFin)은 원칙적으로 보험업종별로 허가 여부를 결정하나[598] 부칙에서 인정된 경우에 해당되면 예외적으로 몇 가지의 보험업을 묶어서 허가를 주기도 한다.[599] 그러나 생명보험업의 허가와 기타 보험업의 허가는 별도로 진행되기 때문에 양 보험업의 겸업은 금지된다.[600] 또한 재보험업은 보험업의 허가와는 별도로 다시 허가를 받아야만 재보험업을 할 수 있다.[601] 그러나 다음의 경우에는 보험업의 허가가 거부, 정지 또는 제한을 받게 된다.[602] 첫째 보험업의 허가를 신청한 경우 그 임원이 법정의 신뢰성 및 적격성요건을 충족하지 못하거나, 둘째 보험업의 허가를 신청한 해당 보험업의 적격지분권자가 신뢰성요건을 충족하지 못하거나 당해 보험업의 건전한 경영에 필요한 법정요건을 충족하지 못하거나 해당 적격지분을 취득할 때 충당된 자금이 형사범죄에 의하여 마련된 것인 경우, 셋째 보험업의 허가를 신청한 자가 독일 보험업감독법상 보험지주회사나 복합금융지주회사[603]의 자회사인 경우에는 해당 보험지주회사나 복합금융지주회사를 지시할 자에게는

598) German Insurance Supervision Act §6.(2).sentence 1.
599) German Insurance Supervision Act §6.(3).
600) German Insurance Supervision Act §§8.(1a) & 106c; BaFin, "Homepage ▶Supervision▶Insurance undertakings & pension funds▶Authorisation ▶Domestic insurers," at http://www.bafin.de/EN/Supervision/InsuranceUndertakingsPensionFunds/Authorisation/DomesticInsurers/domesticinsurers_node.html (last visited Jan. 10, 2015). 이에 따라 상해보험업은 생명보험업에 포함시키는 것이 아니라 손해보험업에 포함된다고 한다. Raimond Maurer, Institutional Investors in Germany: Insurance Companies and Investment Fund, in THE GERMAN FINANCIAL SYSTEM 106, 118-20 (Jan Pieter Krahnen & Reinhard H. Schmidt ed., 2012). 해당 EU지침도 생명보험업과 손해보험업은 그 경영이 분리될 것을 요구하고 있다. Solvency Ⅱ §74.1.
601) German Insurance Supervision Act §119.(1).
602) German Insurance Supervision Act §8.
603) 독일 보험업감독법상 복합금융지주회사라 함은 그 지주회사는 예금수취신용기관(은행), 전자화폐기관, 증권거래회사, 보험회사, 투자회사, 기타 자산운용회사 이외의 회사이어야 하지만 그 자회사는 최소한 이들 회사 중의 하나인 경우를 의미한다. German Insurance Supervision Act §104k.3.

당해 보험지주회사나 복합금융지주회사를 경영할 신뢰성 또는 적격성요건을 구비해야 하는데 이 요건을 갖추지 못하거나, 넷째 보험업의 허가신청 시 제출된 영업계획서나 서류에는 피보험자의 이익이 적절하게 보장되거나 보험계약상의 의무가 항상 이행될 수 있다는 증거가 있어야 하는데 이것이 없는 경우가 이에 해당된다. 이와 함께 독일 연방금융감독당국(BaFin)의 효과적인 감독이 침해될 수 있다는 증거가 있는 다음과 같은 경우 그 거부 여부를 결정하면 된다.[604] 첫째 보험업의 허가를 신청한 자가 다른 자와 제휴 또는 밀접한 관련이 있으나 그 소유구조나 경제적 투명성의 부족으로 인하여 독일 연방금융감독당국(BaFin)이 효과적으로 감독할 수 없는 경우, 둘째 보험업의 허가를 신청한 자의 주(Home)된 감독당국이 非회원국인 경우 그 적용될 법규정으로 인하여 독일 연방금융감독당국(BaFin)이 효과적으로 감독할 수 없는 경우, 셋째 보험업의 허가를 신청한 자의 주된 감독당국이 이 자에 대하여 효과적으로 감독하지 못하거나 독일 연방금융감독당국(BaFin)과 적절한 공조를 하지 않음으로 인하여 독일 연방금융감독당국(BaFin)이 효과적으로 감독할 수 없는 경우를 말한다. 이외에도 유럽공동체위원회 등의 일정한 결정이 있는 경우 보험업의 허가가 연기 또는 제한된다.[605] 그러나 이로 인하여 보험업의 허가가 연기나 제한되는 경우에도 해당 결정이 있은 날로부터 3개월을 초과될 수 없는 것이 원칙이나 유럽공동체위원회가 그 연장을 결정하면 독일 연방금융감독당국(BaFin)은 이에 따르면 된다.[606]

1.3.2. 취소 등

그러나 독일 연방금융감독당국(BaFin)으로부터 보험업의 허가를 받았다 하더라도 다음의 경우에는 이미 받은 보험업의 허가는 실효(취소)된다.[607] 즉 보험업의 허가를 받은 자가 첫째 이미 받은 보험업의 허가

604) German Insurance Supervision Act §8.(1).3.제2문단.

605) German Insurance Supervision Act §8.(3).sentence 1.

606) German Insurance Supervision Act §8.(3).sentence 2 & 4.

607) German Insurance Supervision Act §6.(5).sentence 1. 보험업에서는 실효

를 명시적으로 포기한 경우, 둘째 보험업의 허가를 받은 후 12개월 내에 그 허가를 한 번도 사용하지 않은 경우, 셋째 6개월 이상 영업을 중단한 경우, 넷째 법정 보험보장기금에서 그 자격이 상실된 경우가 그것이다. 이와 같이 이미 받은 보험업의 허가에 대한 실효요건이 충족되더라도 독일 연방금융감독당국(BaFin)은 청문회를 개최한 후에 결정하게 된다.[608)]

1.4. 재무건전성

독일 보험엄감독법상 보험업을 하려는 자는 제공하는 보험업의 종류에 따라 최저보험보장기금에 해당한 자기자본금과 운용자금이 있어야 한다.[609)] 특히 자기자본은 기본적인 자기자본과 부수적인 자기자본의 합을 의미한다.[610)] 전자는 채무를 초과하는 자산 및 후순위 채권으로서 최저자기자본요건을 충족시킬 수 있는 금액 이상의 자본을 의미하고 후자는 납입되지 않은 주식자본 또는 초기자본, 신용장 및 보증, 기타 법적

의 의미로 'lapse'라는 영문용어를 사용하고 있으나 다음과 같은 이유로 취소(revocation)와 그 의미는 다르지 않다고 해석된다. 첫째 보험업에 대하여는 별도의 취소요건을 규정하고 있지 않다. 둘째 재보험업에서는 실효라는 용어는 보이지 않고 대신 취소라는 용어를 사용하고 있고 보험업의 실효에 해당하는 일정내용이 재보험업의 취소에서 그대로 규정되어 있기 때문이다(German Insurance Supervision Act §121c.(1)). 셋째 독일 보험업감독법상 보험업의 실효는 실효요건만 해당되면 자동적으로 보험업의 허가가 소멸되는 것이 아니라 청문회를 거친 후 독일 연방금융감독당국(BaFin)이 보험업의 실효에 대하여 행정결정을 내려야하기 때문이다(German Insurance Supervision Act §6.(5).sentence 2).

608) German Insurance Supervision Act §6.(5).sentence 2.

609) German Insurance Supervision Act §5.(4).sentence 1 & 3. 자기자본금에 해당되는지에 관한 상세한 내용은 German Insurance Supervision Act §53c.(3)-(4).

610) Solvency Ⅱ §87; BaFin, "Homepage▶Supervision▶Insurance undertakings & pension funds▶Implementation of Solvency Ⅱ▶Capital requirements," at http://www.bafin.de/EN/Supervision/InsuranceUndertakingsPensionFunds/Solvency2Structure/CapitalRequirements/capital_requirements_node.html (last visited Jan. 12, 2015).

구속력이 있는 증서로서 손실을 흡수할 수 있는 기본적인 자기자본 이외의 자본을 의미한다.[611] 이와 같이 기본적인 자기자본은 최저자본금요건을 충족시킬 수 있는 금액이 되어야 하는데 이 금액은 다음과 같다.[612] (1) 손해보험업의 경우에는 2,200,000유로 이상이어야 하고 (2) 생명보험업의 경우 3,200,000유로 이상이어야 하며 (3) 재보험업의 경우에도 3,200,000유로 이상이 되어야 한다. 이와 같은 자기자본은 법정지급여력비율이상이어야 하며 법정지급여력비율의 1/3은 보험보장기금이 되도록 규정되어 있다.[613]

독일 보험업감독법상 보험업자는 보증자산 및 기타 제한자산을 출자할 때에는 항상 해당 보험업의 유동성 및 분산성을 유지하면서 당해 자산의 최대의 안전과 이익을 보장할 수 있는 방법으로 출자해야 하며,[614] 그 사실 또한 독일 연방금융감독당국(BaFin)에게 통지되어야 한다.[615] 여기서 보증자산은 미경과보험료와 보험료적립금 등의 대차대조표상의 가치와 동일한 자산으로 최소한 이 가치 이상의 자산을 의미하며 만약 보증자산이 미경과보험료와 보험료적립금 등의 합계의 대차대조표상 가치 이상이 되지 못하면 즉 보증자산의 최저요건을 구비하지 못하면 당해 경영진이 그 손실을 보충해야 하는 자산을 의미한다.[616] 이에 반해 보증자산 이외의 기타 제한자산은 최저보증자산에는 포함되지 않고 그 제한자산의 대차대조표상의 가치가 미지급비용 등과 보험계약상의 의무이전에 따른 비용 및 채무의 합계와 동일한 자산을 의미한다.[617]

한편 보험업의 의결권이나 자본금에 대한 지분을 취득하는 자에게

---

611) Solvency Ⅱ §§88, 89 & 128. 그러나 부수적인 자기자본이라 하더라도 납입된 경우에는 더 이상 부수적인 자기자본으로 남아 있는 것은 아니고 자산과 동일하게 취급된다. Solvency Ⅱ §98.2.

612) Solvency Ⅱ §129.1.(d).

613) German Insurance Supervision Act §53c.(1).

614) German Insurance Supervision Act §54.(1).

615) German Insurance Supervision Act §§54.(4) & 54d.

616) German Insurance Supervision Act §66.(1a) & (2).

617) German Insurance Supervision Act §54.(5).

다음과 같은 제한이 있다. 즉 보험업의 적격지분권자가 되려면 당해 보험업에 대한 건전한 경영이 보장되도록 해야 하기 때문에 독일 연방금융감독당국(BaFin)의 승인이 필요하다고 해석된다.[618] 여기서 적격지분권자라 함은 (1) 당해 보험업의 자본금 또는 의결권의 10% 이상을 보유하거나 (2) 당해 보험업의 경영에 중요한 영향력을 행사하는 자를 의미한다.[619] 따라서 적격지분을 매수 또는 매도하는 경우뿐만 아니라 20%, 33% 또는 50% 이상이나 이하로 매도하거나 매수하는 경우에도 독일 연방금융감독당국(BaFin)에게 통지해야 하는 것이다.[620] 다만 이때 통지를 해서 받아야 하는 승인은 '사전'승인이라고 해석된다. 그 이유는 독일 보험업감독법상에는 이런 내용이 없으나 동 법률은 해당 EU지침에 근거하고 있고 이 EU지침에서 '사전'에 서면으로 통지할 것을 규정하고 있기 때문이다.[621] 만약 독일 연방금융감독당국(BaFin)의 사전승인이 없이 취득하게 되면 그 지분으로는 의결권을 행사할 수 없고 이미 행사한 의결권의 효력은 무효가 된다.[622]

1.5. 지배구조

1.5.1. 경영위원회 및 감독위원회

독일 보험업감독법상 보험회사의 임원은 신뢰성요건을 충족해야 하고 당해 보험업과 관련해서 이론적이고 실제적인 전문지식이 있어야 한다.[623] 독일법제상 보험업을 포함하여 상장회사는 그 지배구조의 방식을

---

618) German Insurance Supervision Act §7a.(2). EU지침도 해당 감독당국에게 서면으로 통지할 것을 규정하고 있다. Solvency Ⅱ §§13.(21) & 57.1.
619) German Insurance Supervision Act §7a.(2).sentence 3.
620) German Insurance Supervision Act §13d.4.
621) Solvency Ⅱ §57.1.
622) Solvency Ⅱ §62.제3문단.
623) German Insurance Supervision Act §7a.(1); BaFin, "Homepage▶Supervision▶Insurance undertakings & pension funds▶Authorisation▶Domestic insurers," at http://www.bafin.de/EN/Supervision/InsuranceUndertakingsPensionFunds/Authorisation/DomesticInsurers/domesticinsurers_node.html (last visited Jan. 13, 2015). 감독위원회의 위원도 사실상 이와 동일한 요건을 충족해야 한다.

(1) 경영위원회(Management Board) 및 감독위원회(Supervisory Board)와 (2) 전통적인 이사회 중에서 선택할 수 있도록 되어 있다.[624] 다만 어느 방법을 선택하든지 보험업에서의 경영위원회의 위원은 2명 이상이 되어야 하며 그 상한은 없다.[625] 반면 보험업에서의 감독위원회의 위원은 최소한 3명 이상이어야 하나 최대 21명을 초과하지는 못한다.[626]

먼저 경영위원회는 회사경영의 책임자이기 때문에 당해 회사의 내부정책 및 관련 법령의 준수와 위험관리 등을 담당하고,[627] 주주총회를 소집하게 된다.[628] 이와 같은 경영위원회의 위원은 감독위원회가 선임, 감독 및 조언을 하고 경영위원회는 감독위원회에게 정기적으로 보고하도록 되어 있다.[629] 하나 특이한 점은 경영위원회의 위원을 선임할 때에 다양성을 이유로 여성위원의 선임을 고려해야 하는 것이다.[630] 또한 경영위원회의 위원의 선임권자가 감독위원회이기 때문에 보수도 감독위원회가 결정하고 회사와 이해의 충돌이 있으면 감독위원회에게 공개해야 한다.[631] 다만 이와 같은 경영위원회의 위원은 3개 이상의 다른 회사의 감독위원회의 위원으로 겸직할 수는 없다.[632]

다음으로 감독위원회는 경영위원회를 정기적으로 감독 및 조언하는 것이 주된 임무이다.[633] 또한 감독위원회는 경영위원회의 위원을 직접 선임하기도 하지만 위원회에 위임할 수도 있다.[634] 이에 따라 감독위원

Deutscher Corporate Governance Kodex (이하 German Corporate Governance Code라 함) §5.4.1.제1문단.

624) German Corporate Governance Code §1.

625) German Insurance Supervision Act §34.

626) German Insurance Supervision Act §35.(1).sentence 1.

627) German Corporate Governance Code §4.1.1, 4.1.3 & 4.1.4.

628) German Corporate Governance Code §2.3.1.

629) German Corporate Governance Code §§1 & 3.4.

630) German Corporate Governance Code §4.1.5. 그러나 그 구체적인 비율은 규정에 명시되어 있지 않다. Id.

631) German Corporate Governance Code §4.2.2 & 4.3.4.

632) German Corporate Governance Code §5.4.5.제1문단.

633) German Corporate Governance Code §5.1.1.

634) German Corporate Governance Code §5.1.2.

회는 전문적인 지식이 있는 자로 각종 위원회를 구성해야 하며,[635] 이 중 감사(회계)위원회(Audit Committee)와 추천위원회는 반드시 설치를 해야 한다.[636] 여기서 감사(회계)위원회는 회계절차의 감독, 내부통제장치의 효율성, 위험관리시스템 등과 준법감시기능을 담당하게 되며 추천위원회는 감독위원회가 주주총회에 추천할 적임자를 추천하게 된다.[637] 특히 과거 2년 내에 경영위원회의 위원이었던 자는 독립성이 결여되기 때문에 감사(회계)위원회의 장은 될 수 없다.[638] 같은 이유로 감사(회계)위원회의 장은 감독위원회의 장을 겸직할 수 없는 것이다.[639] 이와 같은 감독위원회의 위원을 선정할 때에도 경영위원회의 위원선정과 동일하게 여성이 일정비율이 될 것을 요구하고 있다.[640] 특히 감독위원회는 그 위원의 독립성을 강하게 요구하고 있는데 만약 (1) 그 위원이 당해 보험회사, 그 집행부, 지배주주 또는 관련회사와 개인적이거나 사업적인 관계가 있거나 (2) 해당 보험회사의 중요경쟁 회사의 이사 또는 비슷한 기능을 하는 자이거나 (3) 경영위원회의 위원이었던 자가 그 직이 종료한 후 2년이 경과하지 않았다면 감독위원회의 위원이 될 수 없는 것이 원칙이다.[641] 다만 감독위원회의 위원보수는 주주총회나 정관에 의해서 결정된다.[642] 한편 감독위원회의 각 위원은 이익충돌의 경우 감독위원회에게 통지해야 하고 감독위원회는 주주총회에 그 사실을 보고해야 하며,[643] 경영위원회나 감독위원회의 위원이 해당 보험회사의 주식 1%를 초과하여 취득하는 경우에도 그 사실은 보고하도록 되어 있다.[644]

635) German Corporate Governance Code §5.3.1.
636) German Corporate Governance Code §5.3.2 & 5.3.3.
637) Id.
638) German Corporate Governance Code §5.3.2.
639) German Corporate Governance Code §5.2.
640) German Corporate Governance Code §5.4.1.제2문단.
641) German Corporate Governance Code §5.4.2 & 5.4.4.
642) German Corporate Governance Code §5.4.6.제1문단.
643) German Corporate Governance Code §5.5.2 & 5.5.3.
644) German Corporate Governance Code §6.3.

1.5.2. 내부통제장치 등

보험회사의 위험관리의 모든 요소를 적절히 감독하기 위하여 적당한 내부통제장치가 설치되어야 하는 것이고 이렇게 설치된 내부통제장치는 최소한 연 1회 이상의 점검을 받게 된다.[645] 독일 보험업감독법상 독일 연방금융감독당국(BaFin)도 감독의 목적 중의 하나로 내부통제장치가 잘 구비되었는가를 판단하고 있다.[646] 또한 해당 보험업을 위탁하는 경우 위탁하는 보험회사는 그 위탁에 따른 모든 책임을 부담해야하기 때문에 보험업을 위탁하는 경우에도 그 위탁받는 자를 당해 보험회사의 내부통제장치 내에서 관리해야 하는 것이다.[647] 이와 함께 독일 보험업감독법과 해당 EU지침에 의하여 의무적으로 설치되는 내부통제장치는 당해 보험회사의 내부감사의 대상 즉 준법감시의 대상이 된다.[648]

1.5.3. 임점검사

독일 보험업감독법상 독일 연방금융감독당국(BaFin)은 특별한 이유

645) Circular 3/2009-Minimum Requirements for Risk Management in Insurance Undertakings (이하 MaRisk VA라 함) §7.5.1. 여기서 Circular는 독일 보험업감독법상의 특정 규정을 설명한 것으로서 '법률'을 설명하고 있다는 측면에서는 '영'이 되어야 할 것인데 해당 내용을 보면 우리나라의 시행령보다도 하위규정인 시행세칙과 같은 상세한 내용을 담고 있어 우리의 시행령과는 구분된다. MaRisk VA §1.1.

646) German Insurance Supervision Act §81.(1).sentence 5. 해당 EU지침도 내부통제장치는 의무적으로 설치되어야 하고 여기에는 관리 및 회계절차와 보고절차 등과 준법감시기능이 포함될 것을 규정하고 있다. Solvency Ⅱ §46.1 & 2. 독일 보험업감독법상 내부통제장치에 관한 규정으로는 예컨대 German Insurance Supervision Act §81.(1), 104d & 104e.(4) 참조.

647) International Monetary Fund, 「IMF Country Report No. 11/272; Germany: Financial Sector Assessment Program—Detailed Assessment of Observance on Insurance Core Principles」 29 (2011); Solvency Ⅱ §49.1.

648) Solvency Ⅱ §47.1. 그러나 내부통제장치가 당해 보험회사의 내부감사의 대상이 되도록 하는 구조는 그 효율성에는 여전히 의문이 남는다고 생각된다. 지난 2006년 독일의 지멘스 사건이 단적인 예가 될 것이다. 정재윤, "한국지멘스 준법감시인 엘브라흐트 씨 '뇌물요구 사업 안하니 수익 되레 늘어'," 동아일보 2012년 4월 2일, 〈http://news.donga.com/3/all/20120401/45214377/1〉 (검색일 2015.1.14).

가 없어도 보험업의 운영을 감독하기 위하여 보험회사에 대하여 임점검사를 실시할 수 있다.[649] 뿐만 아니라 당해 보험회사에게 특정 서비스를 제공하는 보험중개상이나 당해 보험회사로부터 위탁받은 자에 대하여도 임점검사를 할 수 있다.[650] 이와 함께 임점검사는 해당 외국 감독당국의 공조 등을 통하여 회원국에서 보험업을 허가받은 회사의 지점이 독일에 소재하는 경우에도 가능하고 그 반대로 독일에서 보험업의 허가를 받은 상태에서 그 지점을 회원국에 둔 경우에도 가능하다.[651]

1.6. 규제 및 감독의 공조

독일 보험업감독법상 규제 및 감독의 공조는 국내공조와 국외공조로 대별된다. 먼저 독일 내에서의 공조로는 다음과 같다. 즉 여러 나라를 걸쳐 영업을 하는 금융그룹의 감독과 관련해서 독일은 다른 회원국이나 유럽경제지역협정(EEAA)의 체약국의 감독당국과 공조를 해야 하는데 이때 독일 연방금융감독당국(BaFin)은 독일중앙은행(DB)과 함께 이들 외국 감독당국과 공조해야 하는 것이다.[652] 이와 함께 법 및 행정원칙상 독일 연방금융감독당국(BaFin)은 개별 州의 감독당국과 관련 정보를 교환하도록 되어 있다.[653]

다음으로 국외공조를 살펴본다. 독일 연방금융감독당국(BaFin)은 다른 회원국이나 유럽경제지역협정(EEAA)의 체약국으로부터 보험업의 허가를 받은 자의 자회사가 독일에서 보험업을 하려는 경우 또는 다른 회원국이나 유럽경제지역협정(EEAA)의 체약국에 주소를 둔 보험회사, 예금수취신용기관(은행), 전자화폐기관, 증권거래회사를 지배하는 자의 지

649) German Insurance Supervision Act §83.(1).2.

650) International Monetary Fund, 「IMF Country Report No. 11/272; Germany: Financial Sector Assessment Program—Detailed Assessment of Observance on Insurance Core Principles」 33 (2011).

651) German Insurance Supervision Act §111c.(2) & (3).

652) German Insurance Supervision Act §104l.(1). 여기서 104l에서 l은 아라비아 숫자 “1”이 아니라 영어 L의 소문자 “l”임을 밝혀 둔다.

653) German Insurance Supervision Act §150.

배를 받는 자가 독일에서 보험업을 하려는 경우에는 해당 국가의 감독기관과 협의를 하도록 되어 있다.[654] 이미 보험업의 허가를 받은 자가 그 허가가 취소된 경우 독일 연방금융감독당국(BaFin)은 제재를 가할 수도 있는데 이 경우에도 취소된 보험업자의 주된 감독당국(Home)이 있다면 먼저 통지하도록 되어 있다.[655] 또한 독일에 주소를 두고 있는 보험회사가 다른 회원국이나 유럽경제지역협정(EEAA)의 체약국에 주소를 둔 보험회사와 직·간접적으로 제휴된 경우에도 독일 연방금융감독당국(BaFin)은 이들 국가의 감독당국과 감독상 필요한 모든 정보를 교환할 수 있는 것이다.[656]

2. 프랑스 보험업규제의 주요내용

2.1. 보험업의 개념

프랑스보험법(Code des Assurances: 이하 French Insurance Code라 함)상 보험업에 대한 정의규정은 없으나 프랑스보험법이 여러 종류의 보험업을 규정하고 있고 또한 해당 EU지침의 규정을 종합해서 보험업을 정의해 보면 다음과 같을 것이다.[657] 즉 보험업이라 함은 사고, 질병, 육상차량, 철도차량, 항공기, 선박, 운송물, 화재 및 자연재해, 기타 재산상 손실, 육상에서 자동차를 사용함으로서 발생된 모든 책임, 항공기

654) German Insurance Supervision Act §5a.(1). 이때의 협의에는 임원, 이사나 적격지분권권자 등의 신뢰성 등을 평가하는데 필요한 정보가 중심이 된다. German Insurance Supervision Act §5a.(2).

655) German Insurance Supervision Act §§111b.(5) & 111c.(4).

656) German Insurance Supervision Act §111f.(1) & (2).

657) French Insurance Code §§L.113-1.sentence 1 & L.310-1; DIRECTIVE 2009/138/EC OF THE EUROPEAN PARLIAMENT AND OF THE COUNCIL of 25 November 2009 on the taking-up and pursuit of the business of Insurance and Reinsurance (이하 Solvency Ⅱ라 함) ANNEX Ⅰ & Ⅱ.

를 사용함으로써 발생된 모든 책임, 선박을 사용함으로써 발생된 모든 책임, 자동차와 항공기 및 선박 이외의 사용으로 인한 일반적인 책임, 신용, 보증, 기타 금융손실, 법률비용, 여행 등으로 발생된 손해의 보조, 생명, 결혼, 출생, 생존과 연금 및 이와 관련된 보험의 인수, 장기건강보험, 톤틴식 연금, 자본금상환운용, 단체연금운용 등의 위험을 인수하는 것과 이를 다시 인수하는 것을 영업으로 하는 것을 의미한다.

2.2. 감독기관

프랑스법제상 보험업 및 재보험업에 대한 감독기관은 프랑스 건전성감독기관(Autorité de Contrôle Prudentiel; French Prudential Supervisory Authority: ACP)이 담당하는데 프랑스중앙은행 내에 독립성이 보장된 행정기관으로 조직이 되어 있으며 특히 건전성에 관한 감독이라면 금융업종을 불문하고 감독권을 행사한다.[658] 이에 따라 프랑스 건전성감독기관(ACP)은 보험업 및 재보험업의 건전성을 유지하도록 하는 것이 주된 감독의 목적이며 이와 관련하여 보험계약자와 피보험자 및 보험수익자의 이익을 위하여 이들 (재)보험업자로 하여금 관련 법규정을 준수하도록 하는 것을 감독하고 있다.[659] 이와 같은 감독의 목적을 달성하기 위하여 프랑스 건전성감독기관은 피감기관과 관련된 모든 정보에 접근할 수 있으며 보험계약자나 보험수익자의 이익을 침해하는 등의 행위를 중단하도록 피감기관에게 요구할 수도 있고 필요하다면 안전장치 및 제재조치를 부과할 수도 있는 것이다.[660]

---

658) Monetary and Financial Code §§L.311-2.제2문단 & L.612-1. 다만 2013년 프랑스 건전성감독기관의 정식명칭이 'Autorité de Contrôle Prudentiel'에서 'Autorité de Contrôle Prudentiel et de Résolution'으로 변경이 되었으나 그 약칭은 동일하게 "ACP"로 사용하기로 한다.

659) Monetary and Financial Code §L.612-1-Ⅰ.제1문단.

660) Monetary and Financial Code §§L.612-24, L.612-30-L.612-39.

2.3. 허가 및 취소

2.3.1. 허가 등

프랑스에서 보험업과 재보험업을 하려면 프랑스 건전성감독기관(ACP)으로부터 사전에 허가를 받아야 한다.[661] 그러나 생명보험업과 손해보험업을 같이 허가를 받아 영업하는 것은 금지되어 있다.[662] 프랑스 건전성감독기관(ACP)이 보험업의 허가를 줄 때 (1) 해당 보험업을 실행할 적합한 기술 및 금융재원 (2) 보험업의 허가를 신청한 경영진의 도덕성과 전문성 및 경력 (3) 보험업을 신청한 회사의 자본 및 주주의 상태와 설립자본금을 마련하는 절차가 허가 여부를 결정하는 중요한 요소로 고려되고 있다.[663] 보험업의 허가를 신청하면서 제출하는 주요서류에는 5년 간 영업 및 자금조달계획, 보험계약서류, 당해 보험회사의 조직과 지배구조와 경영구조 및 책임자에 관한 명세서가 포함된다.[664]

2.3.2. 취소 등

그러나 다음의 경우에는 보험업의 허가가 취소되거나 거부 등이 될 수 있다. 즉 (1) 장기간 영업활동이 저조하거나 (2) 보험업자의 금융재원과 당해 보험활동 간의 균형이 파괴되거나 (3) 자본구조 및 경영조직의 중대한 변경이 있었고 이 변경이 공익상 요구되는 경우에는 보험업의 허가는 취소될 수 있다.[665] 재보험업의 경우도 이와 동일하다.[666] 이외에도 보험업자가 관련 법규정을 위반한 경우에도 보험업의 허가가 취소될 수 있다.[667] 뿐만 아니라 프랑스 건전성감독기관(ACP)은 보험업의

---

661) French Insurance Code §§L.321-1 & L.321-1-1.

662) French Insurance Code §L.321-1.제3문단. 해당 EU지침도 동일하다. 예컨대 Solvency Ⅱ §§73, 74 & 169 참조.

663) French Insurance Code L.321-10.제1문단.

664) International Monetary Fund, 「IMF Country Report No. 13/181I; France: Financial Sector Assessment Program—Detailed Assessment of Observance of Insurance Core Principles」 31 (2013).

665) French Insurance Code §L.325-1.

666) French Insurance Code §L.325-1-1.

667) Monetary and Financial Code §L.612-39.

허가를 신청한 자와 기타의 자 간에 자본연결로 인하여 또는 기타의 자에 의한 직·간접적인 지배로 인하여 또는 非회원국의 법령에 의하여 해당 보험업자에 대한 검사가 제대로 실행될 수 없다면 해당 보험업의 허가는 거부되도록 규정되어 있다.[668]

2.4. 재무건전성

프랑스법제상 최저자본금의 구체적인 액수는 보이지 않고 있으나 해당 EU지침에 따라 최저자본금은 손해보험업의 경우에는 2,200,000유로 이상, 생명보험업 및 재보험업의 경우에는 3,200,000유로 이상이 되어야 한다.[669] 그러나 어떤 경우에도 최저자본금이 지급여력비율의 25% 아래로 떨어지거나 45%를 초과할 수는 없다.[670] 여기서의 지급여력비율은 보험업 또는 재보험업에 노출된 모든 위험이 고려된 것으로 현재의 사업뿐만 아니라 12개월 내의 장래 사업까지 포함해서 계산되며,[671] 이 위험에는 손해보험업의 위험, 생명보험업의 위험, 건강보험의 위험, 시장위험, 신용위험과 영업위험이 포함된다.[672]

누구든지 보험회사나 재보험회사의 지분의 10%, 20%, 33% 또는 50% 이상이나 이하를 취득하거나 보험회사나 재보험회사가 다른 회사의 자회사가 되거나 더 이상 자회사가 되지 않게 되는 경우 이 사실은 프랑스 건전성감독기관(ACP)에게 통지되어야 한다.[673] 특히 20% 이상을 취득하려는 경우에는 프랑스 건전성감독기관(ACP)으로부터 사전승인을 받도록 되어 있다.[674] 만

668) French Insurance Code §§L.321-10.제2문단 & L.321-10-1.제2문단.
669) Solvency Ⅱ §129.1.(d).
670) Solvency Ⅱ §129.3. 프랑스보험법에도 보험회사는 항상 지급여력비율 이상의 자금을 보유할 것을 요구하고 있다. French Insurance Code §L.334-1.
671) Solvency Ⅱ §101.3.
672) Solvency Ⅱ §101.4.
673) International Monetary Fund, 「IMF Country Report No. 13/181I; France: Financial Sector Assessment Program—Detailed Assessment of Observance of Insurance Core Principles」 33 (2013).
674) French Insurance Code §L.322-4.제1문단.

약 사전승인을 받지 않고 취득하게 되면 해당 지분에 대한 의결권은 법원에 의하여 정지된다.[675]

2.5. 지배구조

2.5.1. 일반

프랑스법제상 보험회사나 재보험회사는 건전한 경영과 보험계약자의 이익보호를 위하여 당해 회사의 지배구조를 마련해서 실행하도록 되어 있다.[676]

2.5.2. 임원의 자격 및 결격사유

프랑스보험법상 보험회사나 재보험회사의 임원은 해당 업무를 수행할 수 있는 신뢰성, 전문성 및 경력을 구비해야 하고,[677] 다음과 같은 이유로 '형의 선고'가 있는 경우에는 임원의 결격사유에 해당된다.[678] 즉 (1) 일반적인 범죄로 형의 선고가 난 경우, (2) 절도, 사기 또는 신뢰위반으로 형의 선고가 난 경우 (3) 소청법 또는 특별법 규정의 위반으로 형의 선고가 난 경우 (4) 외환법 규정의 위반으로 형의 선고가 난 경우 (5) 회사법, 소비자법 및 금융법 규정의 위반으로 형의 선고가 난 경우 (6) 관세법 규정의 위반으로 형의 선고가 난 경우 (7) 금융법상 수표관련 법규정을 위반하여 2개월 이상의 구금의 형이 선고된 경우 (8) 외국법원에 의하여 형의 선고가 있었고 이와 같은 선고가 프랑스법제에서의 선고와 동일한 효과가 있고 기술한 사유【(1)-(7)】 로 인하여 기판력이 생긴 경우 (9) 회사법규정의 위반으로 인한 개인파산이나 기타 제재가 선고되거나 사법적인 파산절차와 관련하여 자산청산 및 개인파산을 포함해서 파산이 선고된 경우 (10) 법조인으로서 그 직을 박탈하는 제재

675) French Insurance Code §L.322-4. 제3문단.

676) International Monetary Fund, 「IMF Country Report No. 13/181I; France: Financial Sector Assessment Program—Detailed Assessment of Observance of Insurance Core Principles」 35 (2013).

677) French Insurance Code §L.322-2. 제3문단과 제4문단.

678) French Insurance Code §L.322-2. 제1문단.

가 법원의 결정에 의하여 부과된 경우가 그것이다.

2.5.3. 이사회 등

상장된 보험회사나 재보험회사는 (1) 전통적인 이사회의 단일지배구조 형태와 (2) 감독위원회와 경영위원회로 구성되는 2개 위원회의 이중지배구조 형태 중에서 하나를 선택하여 자신의 지배구조로 이용하면 된다.[679] 만약 전자를 선택하게 되면 이사회의 의장과 최고경영자(CEO)의 겸직여부도 결정해야 하며 이들 기능이 분리된다면 각각의 업무를 명시해야 한다.[680]

프랑스는 이사의 독립성 및 남녀성별의 균형을 다음과 같이 강하게 요구하고 있다. 첫째 이사 중에서 여성비율은 2016년까지 40% 이상이 되어야 한다.[681] 둘째 이사의 독립성[682]은 非상임이사를 전제로 하며 당해 보험회사와 아무런 관련이 없어야만 인정되는 것이 원칙이며,[683] 독립된 이사의 수는 이사회의 1/3 이상이 되어야 한다. 셋째 독립된 이사의 임기는 당해 보험회사의 정관에 의해 정해지나 4년을 초과할 수 없으며 그 교체시기도 각각 다르다.[684] 넷째 보험회사의 이사가 상임이사

---

679) Corporate Governance Code of Listed Corporations (이하 French Corporate Governance Code라 함) §3.1.제1문단.

680) French Corporate Governance Code §3.1.제2문단.

681) French Corporate Governance Code §6.4. 다만 이사의 총수가 9명 미만인 경우 남녀이사의 성별 차이는 2명을 초과할 수 없다. Id.

682) 여기서 독립성의 기준은 (1) 과거 5년 동안 당해 보험회사의 근로자, 상임이사 또는 당해 보험회사의 모회사의 근로자나 이사인 적이 없는 경우 (2) 과거 5년 동안 당해 보험회사가 직·간접적으로 (법인)이사직을 가지고 있는 회사에 대해 상임이사로 활동한 적이 없거나 당해 보험회사의 근로자나 상임이사가 이사로서 활동하는 회사에 대해 상임이사로 활동한 적이 없는 경우 (3) 당해 보험회사나 그 그룹에 중요한 고객, 재화나 용역의 공급자 또는 투자은행이나 상업은행이 아니어야 한다. French Corporate Governance Code §§9.2.제2문단, 9.3.제1문단 & 9.4. 비록 상임이사라 할지라도 당해 보험회사 이사회의 의장이 기술한 (1)-(3)과 관련하여 일정한 경우 독립성이 있음을 선언할 수도 있다. French Corporate Governance Code §9.4.제3문단.

683) French Corporate Governance Code §9.1.

684) French Corporate Governance Code §14.제1문단과 제2문단.

라면 2개 이상의 상장회사의 상임이사가 될 수 없으며 보험회사의 이사가 非상임이사라면 4개 이상의 상장회사의 非상임이사를 겸직할 수 없다.[685]

또한 보험회사의 이사회는 이사회 내 각종 위원회를 구성하도록 되어 있지만 위원회 간의 겸직은 허용되지 않는다.[686] 이들 위원회 중에는 회계위원회와 이사선임 또는 지명위원회는 반드시 설치하도록 되어 있다.[687] 다만 회계위원회는 독립된 이사가 2/3 이상이 되어야 하나 이사선임 또는 지명위원회는 1/2 이상이면 무방하다는 점에서 차이가 있다.[688] 만약 이사회의 의장과 최고경영자(CEO)가 각각 분리되어 있다면 이사회의 의장 역시 이사선임 또는 지명위원회의 위원은 될 수 있으나 이사회의 의장은 독립성이 결여되어 있기 때문에 이사선임 또는 지명위원회의 장까지는 될 수 없다.[689] 이와 함께 보상위원회는 이사선임 또는 지명위원회와 동일하게 독립된 이사가 1/2 이상이 되도록 구성되며 독립된 이사 중에서만 보상위원회의 장이 될 수 있다.[690]

2.5.4. 내부통제장치 등

프랑스 건전성감독기관(ACP)은 내부통제장치를 준법의무가 이행될 수 있는 합리적 보장시스템이라고 정의하고 있다.[691] 이와 같은 개념정의에는 준법감시기능도 포함되며 해당 EU지침도 동일하다.[692] 또한 내부통제장치가 제대로 작동되는지에 대하여 내부감사에 의하여 그 적정

685) French Corporate Governance Code §19.
686) French Corporate Governance Code §15.
687) French Corporate Governance Code §§16 & 17.
688) French Corporate Governance Code §§16.1, 17 & 18.1.
689) French Corporate Governance Code §17.2.2.제1문단.
690) French Corporate Governance Code §18.1.
691) Monetary and Financial Code §L.621-2-Ⅲ; Secretary General of the Autorit de contr le prudentiel et de r solution, 「Report on Internal Control」 25 (October, 2013).
692) Solvency Ⅱ §46.1.제2문단. 해당 EU지침도 내부통제장치에는 최소한 행정 및 회계절차, 내부통제장치, 적당한 보고절차 및 준법감시기능이 포함된다고 규정하고 있다. Id.

성 및 효율성이 평가되고 있다.[693] 뿐만 아니라 내부통제장치에 대한 연차보고서를 작성하여 당해 보험회사의 이사회에서 승인을 받아야 하며 동시에 프랑스 건전성 감독기관(ACP)에게도 제출해야 한다.[694]

2.5.5. 임점검사

프랑스 건전성감독기관(ACP)은 금융시스템의 안정 및 피보험자나 보험수익자 등 금융고객의 보호에 중심을 두고 건전성에 대한 감독권한을 행사하고 있다.[695] 이와 같은 금융시스템의 건전성 감독을 위하여 프랑스 건전성감독기관(ACP)은 당해 보험회사나 재보험회사의 소재지에서 임점검사를 실시하고 있는 것이다. 건전성 감독차원에서 프랑스 건전성감독기관(ACP)은 임점검사를 실시하고 있지만 이와 같은 임점검사를 통하여 보험회사나 재보험회사의 지배구조를 보다 상세하게 점검한다는 의미가 강하다.[696] 이에 따라 프랑스 건전성감독기관(ACP)은 좀 더 상세하고 정확한 정보를 수집하여 감독의 효율성을 향상시키려고 (1) 서류화된 문서의 분석 (2) 거래감시시스템의 점검 (3) 데이터베이스에 저장된 데이터의 질적 관리 (4) 고객의 서류 및 거래 샘플에 대한 직접 검사의 방법을 종합적으로 사용하고 있다.[697] 기술한 임점검사는 프랑스 내에서도 또는 회원국에서 실시될 수 있으며 이 경우 프랑스와 회원국 등의

693) Solvency Ⅱ §47.1 & 2. 결국 해당 EU지침은 내부통제장치가 제대로 작동되는지 여부 즉 준법감시인의 기능은 내부감사에 의하여 행해질 것을 전제로 하고 있다고 해석된다.

694) International Monetary Fund, 「IMF Country Report No. 13/181I; France: Financial Sector Assessment Program—Detailed Assessment of Observance of Insurance Core Principles」 38 (2013).

695) Monetary and Financial Code §L.612-1.제1문단.

696) International Monetary Fund, 「IMF Country Report No. 13/181I; France: Financial Sector Assessment Program—Detailed Assessment of Observance of Insurance Core Principles」 36 (2013). 참고로 프랑스 건전성 감독기관(ACP)은 임점검사를 일반 임점검사와 특별 임점검사로 구분하여 운영하고 있다. Id.

697) General Secretariat of the Autorité de contrôle prudentiel, 「Appraisal of on-site supervisory missions concerning compliance with the AML/CFT obligations in the field of wealth management in the banking and insurance sectors」 25 (February, 2012).

공조가 필요하다.[698]

2.6. 규제 및 감독의 공조

먼저 프랑스 내 감독기관 간의 공조는 다음과 같다.[699] 프랑스 건전성감독기관(ACP)은 프랑스 중앙은행(BF)과 프랑스 금융시장감독기관(AMF) 및 최고 법정감사위원회(High Council of the Order of Statutory Auditors)와 공조하여 관련 정보를 이용할 수 있다.[700] 그러나 비록 다른 감독기관으로부터 수취한 정보를 또 다른 기관과 '교환'하려면 원 정보의 감독기관이 동의하는 경우에만 가능하다.[701] 특히 프랑스 건전성감독기관(ACP)은 프랑스 금융시장감독기관(AMF)과 공동기구를 설치하여 공조를 강화하고 있다.[702]

다음으로는 외국과의 공조를 소개한다. 해당 EU지침에서도 회원국의 감독당국 간의 정보교환과 협의 등 규정하고 있을 뿐만 아니라 非회원국의 감독당국과의 공조도 예정되어 있다.[703] 이에 따라 특히 중요한 것으로는 제재와 관련된 공조형태일 것이다. 예컨대 프랑스 건전성감독기관(ACP)이 회원국이나 유럽경제지역협정(EEAA) 체약국의 감독당국으로부터 감독조치, 임점검사 또는 조사와 관련해서 공조의 요청을 받게 되면 프랑스 건전성감독기관(ACP)이 직접 공조행위를 할지 아니면 전문가 등으로 하여금 공조행위를 하게 할지를 결정해서 통보해 주어야 한다.[704] 그러나 프랑스 건전성감독기관(ACP)은 요청받은 대로 반드시 공

---

698) Monetary and Financial Code §L.632-2.

699) 해당 EU지침에서도 하나의 회원국 내 다른 감독기관 간의 공조를 예정하고 있다. 예컨대 Solvency Ⅱ §68 참조.

700) Monetary and Financial Code §L.631-Ⅰ & Ⅱ.

701) Monetary and Financial Code §L.631-1-Ⅲ.제3문단.

702) AMF, "The AMF▶Duties & powers▶Who we are," at http://www.amf-france.org/en_US/L-AMF/Missions-et-competences/Presentation.html (last visited Jan. 28, 2015).

703) 예컨대 Solvency Ⅱ §§249, 250 & 264 참조.

704) French Insurance Code §L.632-2.

조를 해야 하는 것은 아니다. 만약 공조를 함으로서 인해 (1) 프랑스의 주권, 국가안전보장 또는 공공질서를 침해할 우려가 있거나 (2) 동일한 사실 및 회사에 대하여 프랑스에서 이미 형사절차가 개시되었거나 (3) 동일한 회사에 대하여 동일한 사실을 이유로 이미 최종 결정이 난 경우에는 공조를 거부할 수 있다.[705] 다만 이 경우에도 그 사실을 공조를 요청한 감독당국에게 통지는 되어야 한다.[706]

3. 보험업규제와 관련된 시사점

3.1. 개념과 관련된 시사점

독일 및 프랑스는 보험업에 대한 정의규정이 없으나 우리법제는 보험상품의 취급과 관련하여 발생하는 보험의 인수, 보험료 수수 및 보험금 지급 등을 영업으로 하는 것으로서 생명보험업 · 손해보험업 및 제3보험업이라고 보험업을 정의하고 있다는 점에서 다르다.[707] 물론 보험업의 개념에 대한 정의규정이 없다고 하여 보험업의 규제 및 감독에 치명적인 하자가 있는 것은 아닐 것이다. 그러나 시장참여자에게는 보험업이 무엇인지 알려 줌으로서 예견가능성을 줄 수 있다는 점에서 의의가 있을 것이다. 또한 독일은 상해보험을 손해보험업에 포함시키고 있으나 프랑스는 이에 관하여 침묵하고 있다. 이에 반해 우리 보험업법은 상해보험업을 생명보험업도 아니고 손해보험업도 아닌 제3보험업에 포함시키고 있다는 점에서 차이가 있다.[708] 이런 현상이 발생하는 이유는 상해보험은 생명보험과 손해보험의 성격을 모두 가지고 있기 때문일 것이다.

705) French Insurance Code §L.632-5.제1문단.
706) French Insurance Code §L.632-5.제2문단.
707) 보험업법 제2조 제2호.
708) 보험업법 제4조 제1항 제3호.

3.2. 감독기관과 관련된 시사점

우리나라 및 독일은 금융위원회와 독일 연방금융감독당국(BaFin)이라는 단일의 금융감독기관이 보험업을 포함한 모든 금융업을 각각 감독한다. 반면 프랑스는 보험업을 단일의 프랑스 건전성감독기관(ACP)이 감독하는 점에서는 우리나 독일과 같으나 금융투자업(증권업포함)은 프랑스 금융시장감독기관(AMF)과 공동으로 감독권을 행사한다는 점에서 차이가 있다. 즉 프랑스는 은행업 및 보험업은 프랑스 건전성감도기관(ACP)이 단독으로 감독권을 행사하나 금융투자업은 프랑스 건전성감독기관(ACP)과 프랑스 금융시장감독기관(AMF)이 공동으로 감독권을 행사한다는 점이다. 감독기관이 단일 또는 복수인가에 따라 감독의 질이나 적시성이 필연적으로 달라진다고 단정지울 수는 없지만 미국발 금융위기에서 드러났듯이 복수의 감독기관은 감독의 적시성이 떨어진다고 할 수 있을 것이다. 또한 감독기관이 복수인 관계로 공조의 문제도 피할 수 없는 점도 감독의 적시성에 또 다른 장애요인이 될 수 있다. 따라서 감독의 적시성에 주안점을 둔다면 단일의 감독기관이 보다 효율적이라고 판단된다. 다만 단일의 감독기관은 전문성과 독립성이 유지될 수 있도록 관련 시스템을 개발해야 할 것이다.

독일법제로부터 하나의 시사점을 얻을 수 있다면 독일은 보험업의 감독의 목적을 명문으로 규정하고 있다는 점을 들 수 있다. 물론 감독의 목적과 같은 원칙을 명문으로 규정하지 않더라도 감독의 목적이나 원칙은 당연히 존재한다. 그러나 당연한 내용일지라도 명문으로 규정되어 있다면 시장참여자는 보다 확실하고 일관된 감독의 신호로 받아들일 것이고 이는 법적 안정성에도 크게 기여할 것으로 판단된다. 따라서 감독의 목적을 명문으로 규정하는 것도 고려해 볼 만하다고 본다.

3.3. 허가 및 취소와 관련된 시사점

우리법제도 독일 및 프랑스법제상 보험업의 허가와 취소 등과 큰 차이는 없으며 그 내용은 다음과 같다. 즉 보험업의 허가를 받으려는 자는 (1) 일정한 자본금이나 기금[709]을 보유하여야 하고 (2) 보험계약자를 보호할 수 있으며 보험업의 경영에 필요한 충분한 인적 및 물적 설비를 구축해야 하고 (3) 보험업의 사업계획이 타당하고 건전해야 하며 (4) 그 대주주는 임원의 결격사유에 해당하지 않고 충분한 출자능력과 건전한 재무상태를 구비하고 건전한 경제질서를 해친 적이 없어야 한다.[710] 이에 따라 보험업을 하려는 자는 기술한 보험업의 허가요건을 구비한 후 일정한 서류가 첨부된 보험업의 허가신청서를 금융위원회에게 제출해야 하는 것이다.[711] 이런 절차를 거쳐 생명보험업, 손해보험업 또는 제3보험업과 같이 보험종목별로 금융위원회의 허가를 받는다.[712] 이에 따라 생명보험업과 손해보험업의 겸영은 허용되지 않는 것이 원칙이다.[713] 다만 생명보험업이나 손해보험업의 전부를 허가를 받았다면 제3보험업은 허가를 받은 것으로 보며,[714] 생명보험업, 손해보험업이나 제3보험업의 허가를 받았다면 해당 보험업의 재보험은 그 허가를 받은 것으로 본다.[715]

이와 같이 보험업의 허가를 받았다 하더라도 ① 거짓이나 그 밖의 부정한 방법으로 보험업의 허가를 받았거나 ② 허가의 내용 또는 조건을 위반하거나 ③ 영업의 정지기간 중에 영업을 하거나 ④ 기술한 ①과

---

709) 여기서 일정한 자본금이나 기금은 300억 이상이 원칙이나 보험종목의 일부만을 취급하려는 경우에는 50억 이상이면 된다. 보험업법 제9조; 동법 시행령 제12조. 다만 외국보험회사의 경우는 영업기금을 자본금 또는 기금으로 보며 그 금액은 30억 이상이다. 동법 제9조 제3항; 동법 시행령 제14조.

710) 보험업법 제6조 제1항.

711) 보험업법 제5조. 여기서 일정한 서류라 함은 (1) 정관 (2) 업무 시작 후 3년간의 추정재무제표를 포함한 사업계획서 (3) 경영하려는 보험업의 보험종목별 사업방법서, 보험약관, 보험료 및 책임준비금의 산출방법서 중 대통령령으로 정하는 서류 (4) 기타 대통령령으로 정하는 서류를 의미한다.

712) 보험업법 제4조 제1항.

713) 보험업법 제10조.

714) 보험업법 제4조 제3항.

715) 보험업법 제4조 제2항.

②에와 관련된 시정명령을 이행하지 않은 경우에는 이미 받은 보험업의 허가는 취소될 수 있다.[716]

기술한 바와 같이 우리법제상 보험업의 허가 등이 독일 및 프랑스의 경우와 비슷하다 하더라도 다음과 같은 점은 차이가 있고 우리법제를 위한 시사점으로 생각해 볼 수 있을 것이다. 첫째 독일은 적격지분권자라는 개념을 규정하고 있으나 우리는 이와 같은 개념은 없다. 그러나 독일의 적격지분권자는 해당 보험회사의 자본금이나 의결권의 10% 이상을 보유한 자라고 규정하고 있다는 점에서 우리 보험업법상 대주주 중 주요주주와 비슷하다. 그 이유는 우리 법제상 주요주주도 보험회사의 의결권이 있는 발행주식 총수의 10% 이상을 소유한 자로 규정되어 있기 때문이다.[717] 둘째 독일은 적격지분권자 외에도 보험회사와 밀접한 관련이 있는 자 즉 자연인이든 법인이든 당해 보험회사의 자본금 또는 의결권의 20% 이상을 직·간접적으로 보유하는 방법으로 제휴되어 있거나 모자관계로 제휴된 자를 규정하고 있다. 반면 우리법제는 이를 규정하고 있지 않다는 점은 기술한 바와 같다. 셋째 우리나 독일 및 프랑스는 생명보험업과 손해보험업을 겸영할 수 없다는 점에서 동일하다. 다만 독일법제상 재보험업은 해당 보험업의 허가와는 별도의 허가를 받아야 한다는 점에서 우리와 다르다.[718] 또한 기술한 바와 같이 독일은 상해보험업을 손해보험업으로 보고 있으나 우리 보험업법은 손해보험업이 아니라 제3보험업에 포함시키고 있다는 점 역시 차이가 있다. 끝으로 독일 및 프랑스와는 달리 우리 보험업법은 예비허가라는 제도를 두고 있다.[719] 본 허가에 앞서 예비허가의 이점도 있을 수 있으나 예비허가의 요건이 사실상 본 허가의 요건과 동일하다는 점에서 시장참여자에게는 중복된 이중규제가 된다고 판단된다.[720] 이에 대하여 재검토가 필

716) 보험업법 제134조 제2항.
717) 보험업법 제2조 제17호 나목.
718) 보험업법 제4조 제2항.
719) 보험업법 제7조 제1항.
720) 보험업법 제7조; 동법 시행령 제10조.

요할 것이다.

3.4. 재무건전성과 관련된 시사점

독일 및 프랑스의 보험업규제에서 재무건전성과 관련된 시사점으로는 다음과 같다. 첫째 독일 및 프랑스의 최저자본금은 2,200,000유로 이상을 요구하나 우리는 300억 이상이 원칙이지만 보험종목의 일부만을 취급하려면 50억 이상이 될 것을 요구하고 있다는 점에서 우리가 절대적인 금액이 크다.[721] 다만 우리 보험업법은 외국 보험회사의 경우에는 30억 이상이면 되기 때문에 이 부분은 독일 및 프랑스와 비슷하다.[722] 절대적인 금액이 많다는 것의 유용성이 전혀 없지는 않겠지만 미국발 금융위기에서 그 금액의 많고 적음은 이 위기를 피하는 데에 아무런 도움이 되지 못했다는 것이 드러났기 때문에 우리만 최저자본금의 금액을 높게 즉 강화시킬 필요는 없을 것이다. 우리만 강화된 규제로 대외경쟁력을 약화시킬 필요는 더 더욱 필요 없을 것이기 때문에 세계적인 추세를 반영해야 할 것이다. 이에 대하여 재검토가 필요하다고 본다. 둘째 우리는 독일 및 프랑스와 같이 일정한 지급여력비율을 요구하고 있으며 그 내용은 다음과 같다. 즉 우리 보험회사는 재무건전성을 충족시키기 위해 그 지급여력비율이 100% 이상으로 유지해야 한다.[723] 여기서 하나 지적하려는 것은 보험회사의 지급여력비율과 함께 첫째에서 기술한 최저자본금을 종합적으로 고려하여 이들의 비율이나 금액을 정하는 것이 보다 나은 입법태도일 것이다. 물론 이 때 세계적인 추세를 반영해야 할 것이다. 셋째 우리 보험업법은 여러 가지방법으로 보험회사의 자산운용을 정하고 있고 그 중 신용공여의 한도는 다음과 같다. ㈎ 보험회사가 동일한 개인이나 법인에 대한 신용공여는 그것이 일반계정인 경우에는 총자산의 3%(합계는 12%), 특별계정인 경우에는 각 특별계정 자산

721) 보험업법 제9조; 동법 시행령 제12조.
722) 보험업법 제9조 제3항; 동법 시행령 제14조.
723) 보험업법 제123조 제1항; 동법 시행령 제65조 제2항 제1호.

의 5%(합계는 15%)를 초과할 수 없다.[724] ㈏ 동일한 개인이나 법인, 동일차주 또는 대주주에 대하여 총자산의 1%를 초과하는 보험회사의 거액신용공여의 합계액은 일반계정인 경우는 총자산의 20%, 특별계정인 경우는 각 특별계정 자산의 20%를 초과할 수 없다.[725] ㈐ 보험회사의 대주주나 대통령령으로 정하는 자회사에 대한 보험회사의 신용공여는 그것이 일반계정인 경우는 자기자본의 40% 또는 자기자본의 40%에 해당하는 금액이 총자산의 2%에 해당하는 금액보다 큰 경우에는 총자산의 2%, 특별계정인 경우는 각 특별계정 자산의 2%를 초과할 수 없다.[726] 다만 동일한 자회사인 경우 일반계정은 자기자본의 10%, 특별계정은 각 특별계정 자산의 4%를 초과하여 신용공여를 할 수 없다.[727] 넷째 우리 보험업법은 다음과 같이 출자규제를 하고 있다. ㈎ 보험회사는 다른 회사의 의결권이 있는 발행주식 총수의 15%를 초과하는 주식을 보유할 수 없는 것이 원칙이다.[728] ㈏ 동일한 법인이 발행한 채권 및 주식소유의 합계액에 관하여 보험회사는 일반계정인 경우는 총자산의 7%, 특별계정인 경우는 각 특별계정 자산의 10%를 초과하여 소유할 수 없다.[729] ㈐ 동일차주가 발행한 채권 및 주식소유의 합계액에 대하여 보험회사는 그것이 일반계정인 경우는 총자산의 12%, 특별계정인 경우는 각 특별계정 자산의 15%를 초과하여 소유할 수 없다.[730] ㈑ 대주주 및 대통령령으로 정하는 자회사가 발행한 채권 및 주식소유의 합계액에 대하여 보험회사는 그것이 일반계정인 경우는 자기자본의 60% 또는 자기자본의 60%에 해당하는 금액이 총자산의 3%에 해당하는 금액보다 큰 경우에는 총자산의 3%, 특별계정인 경우는 각 특별계정 자산의 3%를 초과하여 소유

---

724) 보험업법 제106조 제1항 제1호와 제3호.
725) 보험업법 제106조 제1항 제4호.
726) 보험업법 제106조 제1항 제5호.
727) 보험업법 제106조 제1항 제7호.
728) 보험업법 제109조. 물론 금융위원회의 승인을 받으면 이 한도를 초과할 수 있다. 동법 동조 단서.
729) 보험업법 제106조 제1항 제2호.
730) 보험업법 제106조 제1항 제3호.

할 수 없다.[731] 다섯째 우리 보험업법은 보험회사의 재무건전성을 위하여 그 대주주와의 일정한 거래를 다음과 같이 제한하고 있다. ㈎ 보험회사는 자신의 대주주가 다른 회사에 출자하는 것을 지원하기 위해서 신용공여를 할 수 없으며 또한 그 자산을 자신의 대주주에게 무상으로 양도하거나 일반적인 거래 조건에 비추어 해당 보험회사에 뚜렷하게 불리한 조건으로 자산에 대하여 매매·교환·신용공여 또는 재보험계약을 하는 행위를 할 수 없다.[732] ㈏ 보험회사가 그 대주주에게 대통령령으로 정하는 금액 이상의 신용공여를 하거나 그 대주주가 발행한 채권이나 주식을 대통령령으로 정하는 금액 이상으로 취득하려면 사전에 이사회의 만장일치를 얻어야 한다.[733] 그러나 보험회사의 재무건전성을 위한다고는 하지만 만장일치를 요건으로 하는 것은 규정으로서는 그 실효성이 반감된다고 본다. 이에 대하여는 재검토가 필요할 것이다. ㈐ 또한 보험회사는 대통령령으로 정하는 금액 이상의 신용공여를 하거나 자신의 대주주가 발행한 채권이나 주식을 대통령령으로 정하는 금액 이상으로 취득하거나 자신의 대주주가 발행한 주식으로 의결권을 행사하는 경우 그 사실을 금융위원회에게 보고하고 인터넷 홈페이지 등을 통하여 공시하도록 되어 있다.[734] ㈑ 보험회사의 대주주는 ① 부당한 영향력을 행사하기 위하여 당해 보험회사의 공개되지 않은 자료나 정보를 요구할 수 없고 ② 경제적 이익 등 반대급부를 제공하는 조건으로 다른 주주나 출자자와 담합하여 당해 보험회사의 인사 또는 경영에 부당한 영향력을 행사할 수 없으며 ③ 보험회사로부터 법정 신용공여한도를 초과하여 신용공여를 받도록 하는 행위도 할 수 없고 ④ 보험회사로부터 법정한도를 초과하여 대주주의 채권이나 주식을 소유하도록 하는 행위도 금지되며 ⑤ 기타 보험회사의 이익에 반하여 대주주 개인의 이익을 위하여 대통령령으로 정해진 행위를 할 수 없는 것이

731) 보험업법 제106조 제1항 제6호.
732) 보험업법 제111조 제1항.
733) 보험업법 제111조 제2항.
734) 보험업법 제111조 제3항.

다.[735] 여섯째 보험회사는 그 자회사에 대하여 ㈎ 자산을 대통령령으로 정하는 바에 따라 무상으로 양도하거나 일반적인 거래조건에 비추어 해당 보험회사에 뚜렷하게 불리한 조건으로 매매·교환·신용공여 또는 재보험계약을 하는 행위 ㈏ 자회사가 소유하는 주식을 담보로 하는 신용공여 및 자회사가 다른 회사에 출자하는 것을 지원하기 위한 신용공여 ㈐ 자회사 임직원에 대한 대출은 원칙적으로 금지된다.[736] 일곱째 보험회사는 보험계약의 종류에 따라 책임준비금과 비상위험준비금을 각각 별도의 장부에 계상하여 기재해야 한다.[737] 여덟째 보험회사는 ㈎ 보험업법상 자산운용한도의 제한을 회피하기 위하여 다른 금융기관이나 회사의 의결권이 있는 주식을 서로 교차하여 보유하거나 신용공여를 할 수 없으며 ㈏ 상법 및 자본시장과 금융투자업에 관한 법률상의 자기주식 취득의 제한을 회피하기 위하여 서로 교차하여 주식을 취득할 수도 없고 ㈐ 기타 보험계약자의 이익을 크게 해칠 우려가 있는 행위로서 대통령령이 정하는 행위 역시 금지된다.[738] 또한 기술한 ㈎-㈏를 위반하여 주식을 취득한 경우 그 의결권의 행사는 금지된다.[739]

3.5. 지배구조와 관련된 시사점

보험회사는 건전한 경영을 위해 보험계약자나 피보험자 등을 보호하고 이와 관련된 이해상충을 예방하며 법규정을 준수하도록 적절한 지배구조를 마련해야 한다는 점에서 우리나 독일 및 프랑스는 사실상 차이가 없으며, 다음과 같은 점을 그 시사점으로 생각해 볼 수 있을 것이다. 첫째 독일 및 프랑스는 그 임원에게 신뢰성 및 전문성을 요구하고 있으며 우리 역시 보험회사의 임원에게 전문성, 공익성 및 건전경영과 거래질서를 해칠 우려가 없는 자일 것을 요구하고 있다는 점에서 별 차

735) 보험업법 제111조 제5항.
736) 보험업법 제116조.
737) 보험업법 제120조 제1항.
738) 보험업법 제110조 제1항.
739) 보험업법 제110조 제2항.

이가 없다.[740] 그러나 우리 보험업법은 임원에게 공익성과 거래질서를 해칠 우려가 없는 자일 것도 요구하고 있으며 그 개념이 구체적이지 못하기 때문에 이를 삭제하든지 보다 구체화할 필요가 있을 것이다. 이에 대하여는 재검토가 필요하다고 본다. 둘째 독일 및 프랑스는 이사회의 단일지배구조나 감독위원회 및 경영위원회의 이중지배구조를 선택할 수 있으며 우리도 상법규정에 의하여 집행임원제도와 이사회제도를 선택할 수 있다는 점에서 비슷하다.[741] 셋째 독일 및 프랑스는 이사회의 의장과 최고경영자(CEO)의 겸직 여부는 법정화하지 않고 해당 보험회사가 선택할 수 있도록 하고 있다. 우리 역시 법규정으로 강제하지는 않으나 최근 우리 정부는 이사회의 의장과 최고경영자(CEO)는 겸직할 수 없고 분리시키려는 시도를 하고 있다.[742] 지배구조의 형식은 당해 보험회사의 현실을 반영할 수 있어야하기 때문에 법규정을 통하여 획일적으로 강제할 것이 아니라 기업이 선택하도록 해야 할 것이다. 넷째 독일은 감독위원회의 위원이 3명 이상이라는 점에서 우리와 동일하며, 그 비율이 전체 이사 중 1/2 이상일 것을 요구하고 있다는 점에서 프랑스와도 동일하다.[743] 다섯째 독일 및 프랑스는 여성이 일정비율로 임원이 될 것을 규정하고 있으나 우리 보험업법은 이런 규정이 없다. 물론 우리법제 역시 남성만 임원이 되어야 한다는 의미는 아닐 것이다. 그러나 지금까지의 현실은 남성이 주도적이었기 때문에 여성의 진출을 법정하는 것도 고려해 볼 만하다. 이에 대하여 재검토가 필요할 것이다. 여섯째 독일 및 프랑스는 임원의 겸직을 횟수로 제한하고 있으나 우리는 횟수로 겸직을 제한하고 있지는 않고 겸직의 성질로 제한하고 있다. 즉 우리 보험업법상 상근임원은 다른 영리법인의 상시적인 업무에 종사할 수 없는

740) 보험업법 제13조 제2항과 제16조 제2항 제2호.

741) 상법 제408조의2와 제408조의4.

742) 김정호, "이사회의장과 대표집행임원 강제분리의 문제점," 법률신문 2013년 10월 10일, 〈https://www.lawtimes.co.kr/LawPnnn/Pnnyn/PnnynContent.aspx?serial=2154&m=pnnyn〉 (검색일 2015.2.9).

743) 보험업법 제15조 제1항.

것이 원칙이다.[744] 그러나 보험업의 경우 이미 금산분리는 사라졌다고 봐야 하는데 이 규정에 의하면 보험회사의 이사는 다른 보험회사의 이사로는 겸직할 수 없다는 현실적인 모순이 발생한다. 더욱이 非금융주력자에 대한 4%의 제한과 같은 은행법상의 은산분리가 보험업법에는 없다. 따라서 겸직의 성질에 의하여 겸직을 제한하는 것보다는 독일 및 프랑스와 같이 겸직할 수 있는 횟수로 제한하는 것이 낫다는 생각이 든다. 이에 대하여 재검토가 필요하다고 본다. 일곱째 독일 및 프랑스와 같이 우리도 사외이사후보추천위원회 및 감사위원회를 꼭 설치해야 한다는 점에서 동일하고 그 비율(1/2와 2/3)도 같다.[745] 그러나 우리 보험업법에서는 감사위원회의 위원 중 1명 이상만 회계나 재무전문가이면 되나,[746] 독일 및 프랑스는 우리와 같은 규정이 없어 임원의 요건인 전문성을 구비해야 하기 때문에 감사위원회의 위원 전부는 전문성 즉 회계나 재무전문가일 것을 요구하게 된다는 점에서 우리와 다르다. 독일 및 프랑스와 같이 감사위원회의 위원 모두가 회계나 재무전문가이면 감사기능은 제대로 작동될 가능성은 높으나 반면 보험회사는 이와 같은 적임자를 구하기 위해 많은 비용이 소요될 것으로 판단된다. 그러나 우리 보험업법과 같이 1명만 이 요건을 충족하는 것은 감사기능을 저하시킬 위험이 있기 때문에 중간 정도의 수준에서 결정할 필요가 있을 것이다. 이에 대하여 재검토가 필요하다고 본다. 여덟째 우리 보험업법은 이 법이나 이 법에 따른 규정·명령 또는 지시를 위반하여 보험회사의 건전한 경영을 해칠 우려가 있다고 인정되는 경우에는 금융위원회으로 하여금 그 임원의 해임을 권고할 수 있다는 규정을 두고 있다.[747] 그러나 정부가 해당 보험회사의 주주 특히 대주주가 아닌 이상 임원의 해임을 권고하는 것은 당해 보험회사의 주주의 권리를 침해할 위험이 있다. 따라서 이에 대하여 재검토가 필요할 것이다. 아홉째 법령을 준수하고

744) 보험업법 제14조.
745) 보험업법 제15조 제1항과 제16조 제2항 제1호.
746) 보험업법 제16조 제2항 제2호.
747) 보험업법 제134조 제1항.

자산운용을 건전하게 하며 보험계약자를 보호하기 위하여 그 임직원이 직무를 수행할 때 따라야 할 기본적인 절차와 기준에 해당하는 내부통제장치를 구축해야 한다는 점은 우리나 독일 및 프랑스가 동일하다.[748] 다만 독일 및 프랑스는 내부통제장치가 제대로 작동되는지를 감시하는 준법감시기능을 구체적으로 누가 담당하는지에 대하여는 침묵하고 있으나 우리는 당해 보험회사가 선임한 준법감시인이 담당한다는 점에서 차이가 있다.[749] 그러나 우리법제는 당해 보험회사가 임면하는 준법감시인이 과연 자신을 선임한 보험회사를 잘 감시할 수 있는지는 여전히 의문으로 남는다.[750] 열째 보험회사는 그 업무 및 자산상황에 관하여 금융감독당국의 검사를 받아야 한다는 점은 우리나 독일 및 프랑스가 다르지 않다.[751] 이에 따라 우리 보험업법도 보험회사를 검사하기 위하여 필요하다면 당해 보험회사에 대하여 업무 또는 자산에 관한 보고, 자료의 제출, 관계인의 출석 및 의견의 진술을 요구할 수 있는 것이다.[752] 끝으로 경영실태평가 및 자본비율에 의하여 해당 금융기관에 부과되는 경영개선권고, 경영개선요구 및 경영개선명령으로 정의할 수 있는 적기시정조치가 우리법제에는 있으나 독일 및 프랑스에는 없다는 점에서 차이가 있다.[753] 개별 금융기관뿐만 아니라 금융지주회사 등 금융그룹으로 보험회사가 운영되는 경우 자회사 보험회사가 부실하다면 그 지주회사 등이 책임을 져야 하는데 이와 같은 책임을 회피할 유인력이 적기시정조치로부터 발생하기 때문에 적기시정조치를 둔 우리법제가 독일 및 프랑스보다는 나은 입법이라고 판단된다. 그러나 적기시정조치는 ㈎ 법정 기준에 미달이 있었으나 그것이 일시적인 경우 ㈏ 단기간에 이를 충족시킬

748) 보험업법 제17조 제1항.
749) 보험업법 제17조 제2항.
750) 보험업법 제17조 제3항.
751) 보험업법 제133조 제2항.
752) 보험업법 제133조 제3항.
753) 금융산업의 구조개선에 관한 법률 제10조; 보험업감독규정 제7-17조 및 제7-19조.

수 있다고 판단되거나 이에 준하는 사유가 있다고 인정된다면 기간을 정하여 적기시정조치를 유예시킬 수 있다고 규정하고 있기 때문에 적기시정조치의 적시성에 큰 장애가 될 수 있다.[754] 즉 적기시정조치의 유예조건에서 도대체 어느 정도가 일시적인 기준미달인지 또한 어떤 경우에 일시적인 기준미달을 단기간에 충족시킬 수 있다고 판단할 수 있는지 그리고 어떤 사유가 이에 준하는 사유인지 명확하지 못하여 감독기관의 자의적인 해석의 위험이 도사리고 있는 것이다. 이를 반영하듯 우리나라에서 적기시정조치의 유예를 받은 금융기관의 대부분은 그 상태가 나아진 경우가 거의 없었다.[755] 따라서 적기시정조치가 적시에 시행될 수 있도록 해야 하고 부득이하게 유예를 하려면 명확한 기준이 적용되어야 할 것이다. 이에 대하여 재검토가 필요하다고 본다.

3.6. 규제 및 감독의 공조와 관련된 시사점

기술한 바와 같이 독일 및 프랑스는 보험업의 규제 및 감독에 대하여 자국 내외의 공조가 비교적 잘 구축되어 있다. 반면 우리 보험업법은 규제 및 감독의 공조에 관한 규정이 상대적으로 빈약하고 국외공조보다는 국내공조를 중심으로 규정되어 있으며 그 내용은 다음과 같다. 첫째 보험업법상 보험회사는 그 업무에 관한 공동행위를 하기 위해 다른 보험회사와 상호협정을 체결, 변경 또는 폐지할 수 있는데 이 경우에는 금융위원회의 인가를 받도록 되어 있다.[756] 이에 따라 금융위원회는 사전에 공정거래위원회와 협의한 후 공익이나 보험업의 건전한 발전

---

754) 금융산업의 구조개선에 관한 법률 제10조 제3항; 보험업감독규정 제7-23조 제1항.

755) 이재명, "[아하 그렇구나] 적기시정조치," 한겨레 2012.5.13, 〈http://www.hani.co.kr/arti/economy/economy_general/532642.html〉 (검색일 2015.2.10). 미국 역시 우리와 비슷하게 감독기관의 재량권에 대하여 의문이 제기되고 있다. U.S.C.A. §1831o(a)(2); Michael K. O'Neal, "Update Prompt Corrective Action and Other Regulatory Enforcement Powers," 48 Consumer Fin. L.Q. Rep. 259, 260 (Summer, 1994).

756) 보험업법 제125조 제1항.

을 위하여 필요하다고 인정하는 경우에는 이와 같은 상호협정의 체결, 변경이나 폐지를 명하기도 하고 또는 상호협정의 이행을 명할 수 있다.[757] 이와 같은 방식으로 금융감독당국은 국내의 다른 감독기관과 공조를 하고 있는 것이다. 둘째 우리 보험업법은 보험설계사나 보험계리사 등 보험관계 업무에 종사하는 자로 하여금 공익이나 보험계약 등을 보호하고 모집질서를 유지하기 위하여 각종 단체를 설립할 수 있도록 하고 있는데 이렇게 설립된 단체는 그 정관에 따라 금융감독원 등 정부로부터 위탁받은 업무를 처리하게 된다.[758] 이에 따라 보험협회가 보험설계사와 보험대리점의 등록업무를 위탁받아서 처리하거나,[759] 이와 관련하여 보험대리점에 대한 검사업무 중 보험대리점 및 소속 모집인의 영업행위에 대한 검사업무의 일부가 보험협회의 장 또는 보험 관계 단체의 장에게 위탁되기도 한다.[760] 이와 같이 우리 금융감독당국은 그 업무의 위탁을 통해 보험관련 각종 단체와 공조를 하고 있는 것이다. 끝으로 금융위원회는 법정 공제업과 보험업법상 보험업 간의 균형된 발전을 위하여 공제업을 운영하는 자에게 기초서류에 해당하는 사항과 관련해서 협의를 요구할 수 있다.[761] 그러나 공조라는 측면에서 접근한다면 우리 금융감독당국만 관련 자료를 요구할 수 있는 것이 아니라 법정 공제업을 하는 자에게도 금융감독당국에게 일정한 공조의 요청이 허용되어야 할 것이다. 이에 대하여 재검토가 필요할 것이다.

757) 보험업법 제125조 제2항과 제3항.
758) 보험업법 제178조 제1항과 제3항 제3호.
759) 보험업법 제194조 제1항.
760) 보험업법시행령 제101조 제3항.
761) 보험업법 제193조 제1항.

V. 결 론

이상에서 독일 및 프랑스의 금융업규제의 주요내용을 검토한 후 우리법제를 위한 시사점의 도출을 시도하였고 이를 정리하면 다음과 같다.

(1) 우리법제는 은행업, 금융투자업 및 보험업에 관하여 정의규정을 두고 있다. 반면 독일 및 프랑스는 은행업과 금융투자업에 관하여는 정의규정을 두고 있으나 보험업에 관하여는 정의규정을 두고 있지 않다는 점에서 우리와 차이가 있다. (2) 규제 및 감독의 목적이나 원칙에 대하여 우리와 프랑스는 명문으로 규정하고 있지 않다. 이에 대해 독일도 은행업 및 금융투자업의 경우에는 규제 및 감독의 원칙이나 목적을 명문으로 규정하고 있지 않으나 보험업의 경우에는 명문으로 이를 인정하고 있다는 점에서 차이가 있다. (3) 우리나 독일은 은행업과 금융투자업 및 보험업을 단일 감독기관이 규제 및 감독한다. 그러나 프랑스는 은행업과 보험업은 단일의 감독기관이 감독하나 금융투자업은 인가 여부를 포함하여 프랑스 건전성감독기관(ACP)과 프랑스 금융시장감독기관(AMF)이 공동으로 규제 및 감독한다는 점에서 다르다. (4) 독일 및 프랑스와 달리 우리는 예비인가 또는 예비허가라는 제도를 두고 있다. 또한 전자화폐를 취급하는 기관이 은행인가 은행 이외의 금융기관인가에 따라 인가(신고)사항이 되거나 허가사항이 되나 독일 및 프랑스는 이런 구별이 없다. (5) 독일 및 프랑스와는 달리 우리는 금융업종에 대한 최저자본금이 높게 정해져 있다. (6) 독일 및 프랑스와는 달리 우리법제상 은행주식을 취득하려는 자는 그 취득자가 금융주력자인가 非금융주력자인가에 따라 그 규제가 달라지며 신용공여 역시 그 대상자가 누구인가에 따라 규제를 달리하고 있다. (7) 독일 및 프랑스는 이사회 단일지배구조나 감독위원회 및 경영위원회 이중지배구조를 선택할 수 있도록 하였고 우리

역시 집행임원제도와 이사회라는 제도를 선택할 수 있도록 하고 있다는 점에서 다르지 않다. (8) 금융기관의 임원 중 여성임원의 비율을 고려하는 독일 및 프랑스와는 달리 우리는 이런 규정이 없다. (9) 독일 및 프랑스는 이사회 의장과 최고경영자(CEO)의 겸직여부를 기업의 선택에 맡겨 두고 있으나 최근 우리 정부는 이를 강제적으로 분리하려는 시도를 하고 있다. (10) 독일 및 프랑스는 이사의 겸직을 겸직하는 회사의 숫자로만 제한하고 있으나 우리는 이와는 달리 겸직하는 업무의 성질에 따라 겸직 여부를 제한하고 있다는 점에서 차이가 있다. (11) 독일 및 프랑스는 감사위위원회 위원의 전문성을 모든 위원에게 요구하고 있으나 우리는 1명 이상만 회계 또는 재무전문가이면 요건을 충족한다는 점에서 다르다. (12) 독일은 은행업 및 금융투자업에서 일정한 경우 임원의 해임을 권고 또는 요구할 수 있으나 우리는 은행업 및 금융투자업뿐만 아니라 보험업에서도 이를 허용하고 있다. (13) 독일 및 프랑스와 동일하게 우리도 내부통제장치와 준법감시기능을 규정하고 있다는 점에서 동일하나 우리는 준법감시기능을 준법감시인에게 구체적으로 담당시키고 있다는 점에서는 다르다. (14) 독일 및 프랑스와 같이 우리도 임점검사를 규정하고 있으며 특히 은행업의 경우 임점검사의 대상이 해당 금융기관에게만 한정되는 것이 아니라 대주주에게까지 확대된다. (15) 독일 및 프랑스와는 달리 우리는 적기시정조치를 규정하고 있으나 그 유예도 함께 규정되어 있다. (16) 독일 및 프랑스와 같이 우리도 규제 및 감독의 공조에 관한 규정을 두고 있으나 상대적으로 매우 빈약하다. 하나 부연하자면 갈수록 FTA 등을 통해 국제교류가 활발해지기 때문에 이에 대비한 법제 정비작업이 필요하다는 점이다. 특히 규제 및 감독의 공조는 시급한 과제라고 판단된다. 다만 공조에 관한 규정을 보완하는 것을 포함해서 금융관련 법제를 정비할 때에도 세계적인 추세를 반영하여 우리만 규제를 강화하는 등 우리 발목을 스스로 묶는 일은 없어야 할 것이다.

〈참고문헌〉

금융감독원, 「"공매도 포지션 보고제도"의 주요내용」(금융감독원, 2012.8)

김정호, "이사회의장과 대표집행임원 강제분리의 문제점," 법률신문 2013년 10월 10일

백정웅, 「금융위기시 금융산업에 대한 미국과 EU의 규제변화와 그 시사점에 관한 연구」(배재대학교 출판지원실, 2010)

백정웅, 「서남부유럽의 금융규제와 그 시사점에 관한 연구」(신조사, 2014)

백정웅, "한국 금융지주회사법상 비은행지주회사에 대한 비교법적 연구 - 미국 법제를 중심으로 -," 「비교사법」 제18권 제2호(한국비교사법학회, 2011.6)

이재명, "[아하 그렇구나] 적기시정조치," 한겨레 2012년 5월 13일

이훈성, ""인터넷은행 내년 허가" 정부, 팔 걷어붙였지만...," 한국일보 2014년 12월 21일

정윤모, "미국 금융위기를 통해 본 SEC의 감독기능," 「자본시장 Weekly」 2008-4호(한국금융연구원, 2008.10.12~10.20)

정재윤, "한국지멘스 준법감시인 엘브라흐트 씨 '뇌물요구 사업 안하니 수익 되레 늘어'," 동아일보 2012년 4월 2일

ACPR, "Home 〉 ACPR 〉 About the ACPR," at http://acpr.banque-france.fr/en/acpr/about-the-acpr.html (last visited Jan. 23, 2015)

AMF General Regulation

AMF, "Participants & products▶Financial services providers & Crowdfunding ▶Investment services providers," at http://www.amf-france.org/en_US/Acteurs-et-produits/Prestataires-financiers/Prestataires-de-services-d-investissement.html (last visited Dec. 22, 2014)

AMF, "The AMF▶Duties & powers▶Who we are," at http://www.amf-france.org/en_US/L-AMF/Missions-et-competences/Presentation.html (last visited Dec. 22, 2014)

BaFin, "Homepage▶BaFin▶Functions & history▶Securities Supervision/Asset Management▶Securities Supervision," at http://www.bafin.de/EN/Supervision/StockExchangesMarkets/stockexchangesmarkets_node.html (last visited Nov. 4, 2014)

BaFin, "Homepage▶Supervision▶Banks & financial services providers▶ Authorisation," at http://www.bafin.de/EN/Supervision/Banks FinancialServicesProviders/Authorisation/authorisation_node.html (last visited Oct. 16, 2014)

BaFin, "Homepage▶Supervision▶Banks & financial services providers▶ Risk management," at http://www.bafin.de/EN/Supervision/Banks

FinancialServicesProviders/RiskManagement/riskmanagement_node.html (last visited Feb. 2, 2015)

BaFin, "Homepage▶Supervision▶Insurance undertakings & pension funds▶Authorisation," at http://www.bafin.de/EN/Supervision/InsuranceUndertakingsPensionFunds/Authorisation/authorisation_node.html (last visited Jan. 9, 2015)

BaFin, "Homepage▶Supervision▶Insurance undertakings & pension funds▶Authorisation▶Domestic insurers," at http://www.bafin.de/EN/Supervision/InsuranceUndertakingsPensionFunds/Authorisation/DomesticInsurers/domesticinsurers_node.html (last visited Jan. 9, 2015)

BaFin, "Homepage▶Supervision▶Insurance undertakings & pension funds: Division of responsibilities between the Federal Government and the Federal States," at http://www.bafin.de/EN/Supervision/InsuranceUndertakingsPensionFunds/insuranceundertakingspensionfunds_node.html (last visited Jan. 8, 2015)

BaFin, "Homepage▶Supervision▶Insurance undertakings & pension funds ▶Implementation of Solvency Ⅱ▶Capital requirements," at http://www.bafin.de/EN/Supervision/InsuranceUndertakingsPensionFunds/Solvency2Structure/CapitalRequirements/capital_requirements_node.html (last visited Jan. 12, 2015)

BaFin, "Homepage▶Supervision▶Stock exchanges & markets," at http://www.bafin.de/EN/Supervision/StockExchangesMarkets/stockexchangesmarkets_node.html (last visited Oct. 16, 2014)

B rsengesetz (Exchange Act)

Circular 3/2009-Minimum Requirements for Risk Management in Insurance Undertakings

Code mon taire et financier (Monetary and Financial Code)

Corporate Governance Code of Listed Corporations (French Corporate Governance Code)

Deutscher Corporate Governance Kodex (German Corporate Governance Code)

DIRECTIVE 2009/138/EC OF THE EUROPEAN PARLIAMENT AND OF THE COUNCIL of 25 November 2009 on the taking-up and pursuit of the business of Insurance and Reinsurance

DIRECTIVE 2006/49/EC OF THE EUROPEAN PARLIAMENT AND OF THE COUNCIL of 14 June 2006 on the capital adequacy of investment firms and credit institutions (recast)

EFTA, "Home – European Economic Area – EEA Agreement," EFTA (2014), 〈http://www.efta.int/eea/eea-agreement〉 (last visited Sep. 25, 2014)

General Secretariat of the Autorit de contr le prudentiel, 「Appraisal of on-site supervisory missions concerning compliance with the AML/CFT obligations in the field of wealth management in the banking and insurance sectors」 (February, 2012)

Gesetz ber das Kreditwesen (German Banking Law)

International Monetary Fund, 「IMF Country Report No. 13/180; France: Financial Sector Assessment Program—Detailed Assessment of Observance of Basel Core Principles for Effective Banking Supervision」 (June, 2013)

International Monetary Fund, 「IMF Country Report No. 13/181I; France: Financial Sector Assessment Program—Detailed Assessment of Observance of Insurance Core Principles」 31 (2013)

International Monetary Fund, 「IMF Country Report No. 13/182: France Financial Sector Assessment Program–Detailed Assessment of Observance of IOSCO Objectives and Principles of Securities Regulation」 (2013)

International Monetary Fund, 「IMF Country Report No. 11/272; Germany: Financial Sector Assessment Program—Detailed Assessment of Observance on Insurance Core Principles」 29 (2011)

Michael K. O'Neal, "Update Prompt Corrective Action and Other Regulatory Enforcement Powers," 48 Consumer Fin. L.Q. Rep. (Summer, 1994)

Nelson d. Schwartz, "In and Out of Each Other's European Wallets," N.Y. Times, May 1, 2010

Raimond Maurer, Institutional Investors in Germany: Insurance Companies and Investment Fund, in THE GERMAN FINANCIAL SYSTEM (Jan Pieter Krahnen & Reinhard H. Schmidt ed., 2012)

Roberta S. Karmel, "The Controversy over Systemic Risk Regulation," 35 Brook. J. Int' l L. (2010)

Sara Dilon, "Anglo-Saxon/Celtic/Global: The Tax-Driven Tale of Ireland in the European Union," 36 N.C. J. Int'l L. & Com. Reg. (Fall 2010)

Secretary General of the Autorit de contr le prudentiel et de r solution, 「Report on Internal Control」 (October, 2013)

The World Bank, "Home 〉 Data & Research 〉 Research 〉 Bank Regulation and Supervision (updated 2012): 2007 database revised June 2008 (MS Excel file, 768kb)," The World Bank (2013), 〈http://econ.worldbank.org/WBSITE/EXTERNAL/EXTDEC/EXTRESEARCH/0,,contentMDK:20345037~pagePK:64214825~piPK:64214943~theSitePK:469382,00.html〉 (last visited Sep. 25, 2014)

The World Bank, "Home 〉 Data & Research 〉 Global Financial Development Report 〉 GFDR 2013: Bank Regulation and Supervision Survey: Related Links: Dataset," The World Bank (2012), 〈http://econ.worldbank.org/WBSITE/EXTERNAL/EXTDEC/EXTGLOBALFINREPORT/0,,contentMDK:23267421~pagePK:64168182~piPK:64168060~theSitePK:8816097,00.html〉 (last visited Sep. 25,2014)

Versicherungsaufsichtsgesetz (German Insurance Supervision Act)

Wertpapierhandelsgesetz (German Securities Trading Act)

Wikipedia, "PIGS (economics)," Wikipedia (2012) 〈http://en.wikipedia.org/wiki/PIGS_(economics)〉

⟨Abstract⟩

The Study on the German & French Financial Regulations and Their Lessons*[762]

Joeng-Woong Baik**

The financial crisis originated from the United States in 2007 hit the whole world and is still going on. In particular, Portugal, Ireland, Italy, Greece and Spain (hereinafter PIIGS) are the weakest drawback of such a crisis. On the other hand, Germany and France are relatively strong state in European Union (hereinafter EU). In this sense, the author examines the regulations of Germany and France over financial activities such as banking, financial investment and insurance and takes several lessons from their financial regulations. The lessons for the Korean legal system are as follows:

First, Korea, Germany and France have the definitions of banking and financial investment activities in substantive enactment. Even though Korea has the definition of insurance business in an express provision, Germany and France do not have any definition for the insurance activity. Second, Korea, Germany and France do not have any express provision for the

* This work was supported by the National Research Foundation of Korea Grant funded by the Korean Government (NRF-2012S1A5A2A01017212).

** Associate Professor, Department of Law, Pai Chai University; S.J.D., Southern Methodist University (USA).

purpose or principle of financial regulation and (or) supervision. However, Germany does have an express provision for such a purpose or principle of financial regulation and (or) supervision in insurance. Third, single financial authority controls over the financial institutions in Korea, Germany and France. But the ACP and AMF supervise financial investment companies in France. Fourth, Korea has preliminary authorization for the financial businesses but Germany and France do not. Fifth, even if Korea has different approval processes to deal with electronic money depending upon financial institutions, Germany and France do not any other discrepancies among financial companies. Sixth, the amount of minimum capital for financial companies in Korea is far more than that of minimum capital for financial institutions in Germany and France. Seventh, the Korean regulation against the ownership in banking depends on who the owners are but Germany and France do not. Also, the supervision over banking activities' credit in Korea differs in borrowers and Germany and France do not. Eighth, there are the board of directors (unitary system) and management board and supervisory board (dual system) in Germany and France and whether which system is selected is up to companies. Similarly to such the German and French system, there is also the board of directors (unitary system) and monitoring board and executive officer (dual system) in Korea. Ninth, Germany and France consider the balance of the representation between men and women in the board of directors or management board and supervisory board. On the other hand, Korea does not. Tenth, recently, the Korean government is trying to separate compulsorily the offices of the chairman of the board of directors and chief executive officer (CEO). However, German and French financial companies have an option about whether which the separation or the aggregation between such offices is chosen. Eleventh, the German and French regulation of concurrent offices in financial institutions imposes on the number of time to be a director. However, the Korean supervision against concurrent offices in financial companies does impose on the nature of the office concerned to be a director. Twelfth, all the members of the board of directors' audit committee must be professional in accounting or financial field in Germany and France while just one is required to be an accounting or financial expert in Korea. Thirteenth, the German financial regulator (BaFin) may demand a different director in banks while the Korean financial regulator (Financial Services Commission: FSC) can request the dismissal of a director in all kinds of financial institutions. Fourteenth, there are the internal control system and compliance function in Korea, Germany and France. However, the Korean legislation provides that the compliance officer is charged with the task of such a compliance function while the German and French legislations do not. Fifteenth, there is an on-site inspection over financial institutions in Korea, Germany and France. Also, the scope of the on-site inspection is expanded into the large or major shareholders in banks. Sixteenth, there is a prompt corrective action over financial companies in Korea, not Germany and France. However, there is an exceptional suspension in Korea. Seventeenth, there exists the cooperation between financial regulators including the domestic cooperation of a financial regulator and another domestic regulator such as the Korea Fair Trade Commission (hereinafter KFTC) in Korea. However, the Korean legal system for the cooperation is disappointing compared to the German and French cooperative system.

For the last time, the Korean legal system needs to be improved by the lessons from the examination of the German and French financial regulations and has to consider the international trends in the banking and financial legislation. That is, the Korean banking and financial legal system has to be interlocked with the international standards.

[주제어(Key-words)]

금융규제(financial regulation), 은행업(banking activity), 금융투자업(financial investment activity), 보험업(insurance activity), 금융감독기관(financial regulator), 금융업의 개념(definition of financial activities), 규제 및 감독의 원칙(regulatory & supervisory principle), 인가(authorization), 재무건전성(financial soundness), 지배구조(corporate governance), 정보공개(information disclosure), 공조(cooperation)

사항색인

[저자 약력]

SJD & LLM (Banking & Financial Law), Southern Methodist University (SMU) Law School, Texas, USA
Research Fellow, SMU Institute of International Financial, Commercial and Technology Law, SMU Law School
법무부 교정위원(現)
예금보험공사 금융안정연구 편집위원(前)
은행법학회 편집위원 및 상임연구이사(現)
한국상사법학회 상사법연구 편집위원(現)
한국상사판례학회 총무이사(前)
충남대학교 법학전문대학원 조교수(前)
배재대학교 공무원법학과 부교수(現)

수상 및 연구비수주 경력

우수논문 선정(2006), 선정기관: 한국연구재단, 논문제목: 힘의 원천이론, 비교사법(2005)
최우수논문 선정(2009), 선정기관: 사단법인 은행법학회, 논문제목: 금융지주회사법 개정안의 법적쟁점과 과제(2008)
우수논문 선정(2010), 선정기관: 한국연구재단, 논문제목: 금융위기 이후 미국 및 EU의 금융규제, 중앙법학(2009)
한국연구재단 지원 연구비 수혜 8회
예금보험공사 지원 연구비 수혜 1회

독일 및 프랑스의 금융규제와 그 시사점에 관한 연구

2015년 4월 20일 초 판 제1쇄인쇄
2015년 4월 30일 초 판 제1쇄발행

저 자 백 정 웅
발행인 이 명 재 · 이 종 은
발행처 **신 조 사**
서울특별시 마포구 독막로 295 삼부골든타워 212호
전 화 (02) 713-0402 FAX (02) 713-0403
등 록 1994. 7. 4, 제17-179호(윤)
E-mail: sinjosa@sinjosa.co.kr http://www.sinjosa.co.kr

저자와 협의하여 인지첩부를 생략함

정 가 15,000 원 ISBN 979-11-86377-05-5